丢失 / 被偷的时候

❶ 링취 띠우스우핀더띠팡 짜이날?
领取丢失物品的地方在哪儿?
lǐng qǔ diū shī wù pǐn de dì fāng zài nǎ er

❷ 띠우 후자오러.
丢护照了。
diū hù zhào le

❸ 치엔빠오 디우짜이 훠처상러.
钱包丢在火车上了。
qián bāo diū zài huǒ chē shàng le

❹ 지뿌칭 짜이날 디우더러.
记不清在哪儿丢的了。
jì bù qīng zài nǎ er diū de le

❺ 치엔빠오 베이터우러!
钱包被偷了。
qián bāo bèi tōu le

❻ 팡지엔리 진 샤오터우러.
房间里进小偷了。
fáng jiān lǐ jìn xiǎo tōu le

❼ 넝빵워 빠오징마?
能帮我报警吗?
néng bāng wǒ bào jǐng ma

사고가 났을 때

❶ 구급차를 불러 주세요.
gugeupchareul bulleo juseyo.

❷ 다친 사람이 있습니다.
dachin sarami itseumnida.

❸ 저를 병원으로 데려가 주시겠어요?
jeoreul byeongwoneuro deryeoga jusigesseoyo?

❹ 사고를 냈습니다.
sagoreul naetseumnida.

❺ 보험을 들었습니까?
boheomeul deureotseumnikka?

❻ 렌터카 회사로 연락해 주십시오.
renteoka hoesaro yeollakae jusipsio.

❼ 사고증명서를 써 주십시오.
sagojeungmyeongseoreul sseo jusipsio.

发生事故的时候

1 칭쟈오 져우후처.
请叫救护车。
qǐng jiào jiù hù chē

2 여우런 셔우상러.
有人受伤了。
yǒu rén shòu shāng le

3 칭쏭워따오 이위엔 커이마?
请送我到医院可以吗?
qǐng sòng wǒ dào yī yuàn kě yǐ ma

4 워 자오스러.
我肇事了。
wǒ zhào shì le

5 찬쟈 바오시엔러마?
参加保险了吗?
cān jiā bǎo xiǎn le ma

6 칭리엔뤄 지에처공쓰.
请联络借车公司。
qǐng lián luò jiè chē gōng sī

7 칭방워씨에 스꾸정밍수.
请帮我写事故证明书。
qǐng bāng wǒ xiě shì gù zhèng míng shū

몸이 아플 때·1

❶ 의사를 불러 주세요.
uisareul bulleo juseyo.

❷ 병원으로 데리고 가 주시겠어요?
byeongwoneuro derigo ga jusigesseoyo?

❸ 진료 예약을 하고 싶은데요.
jillyo yeyageul hago sipeundeyo.

❹ 한국어를 아는 의사는 있나요?
hangugeoreul aneun uisaneun innayo?

❺ 감기에 걸렸습니다.
gamgie geollyeotseumnida.

❻ 설사가 심합니다.
seolsaga simhamnida.

❼ 열이 있습니다.
yeori itseumnida.

不舒服的时候 · 1

1 칭자오 따이푸.
请叫大夫。
qǐng jiào dài fū

2 넝쏭워따오 이위엔마?
能送我到医院吗?
néng sòng wǒ dào yī yuàn ma

3 씽위위에, 칸빙.
想预约,看病。
xiǎng yù yuē　kàn bìng

4 여우메이여우 동 한위더 이성?
有没有懂韩语的医生?
yǒu méi yǒu dǒng hán yǔ de yī shēng

5 더 깐마오러.
得感冒了。
dé gǎn mào le

6 푸시에 터삐에 이엔종.
腹泻特别严重。
fù xiè tè bié yán zhòng

7 파사오.
发烧。
fā shāo

몸이 아플 때·2

1 이건 한국 의사가 쓴 것입니다.
igeon hanguk uisaga sseun geosimnida.

2 여기가 아픕니다.
yeogiga apeumnida.

3 구토를 합니다.
gutoreul hamnida.

4 다쳤습니다.
dacheotseumnida.

5 진단서를 써 주시겠어요?
jindanseoreul sseo jusigesseoyo?

6 예정대로 여행을 해도 괜찮겠습니까?
yejeongdaero yeohaengeul haedo gwaenchanketseumnikka?

7 (약국에서) 이 처방전 약을 주세요.
i cheobangjeon yageul juseyo.

不舒服的时候 · 2

1 저스 한궈따이푸 시에더.
这是韩国大夫写的。
zhè shì hán guó dài fū xiě de

2 절텅.
这儿疼。
zhè er téng

3 오우투.
呕吐。
ǒu tǔ

4 워 셔우상러.
我受伤了。
wǒ shòu shāng le

5 넝께이워시에 전뚜안수마?
能给我写诊断书吗?
néng gěi wǒ xiě zhěn duàn shū ma

6 안 위딩뤼싱 커이마?
按预定旅行可以吗?
àn yù dìng lǚ xíng kě yǐ ma

7 칭께이워 저거야오팡더 취엔뿌야오.
请给我这个药方的全部药。
qǐng gěi wǒ zhè ge yào fāng de quán bù yào

귀국 가이드 → → → →

◆귀국을 위한 준비
귀국한 날이 정해지면 미리 좌석을 예약해두거나, 예약을 해 두었을 경우에는 출발 예정 시간의 72시간 이전에 예약 재확인을 해야 한다. 예약 재확인이 끝나면 여행을 하면서 구입했던 물건을 탁송할 것과 들고 갈 것을 차례로 정리한다. 출발 당일에는 출발 시간보다 2, 3시간 먼저 공항이나 항구에 도착하여 체크인을 하고 탑승, 승선 대기를 해야 한다.

◆예약 재확인
여행을 마치고 귀국을 준비할 경우는 우선 항공권이나 승선권의 이상 유무를 확인해야 한다. 왕복권을 구입한 경우, 최소한 비행기나 배의 출발 72시간 전에 반드시 예약 재확인을 해야 한다. 그렇지 않을 경우 예약이 취소될 수도 있다. 항공사나 해운회사에서는 출발시간 변경 등의 비상시 연락을 위해 이쪽의 연락처를 묻는다. 탑승할 회사에 전화하거나 사무소 또는 공항이나 항구 내 카운터에 직접 나가서 이름과 편명, 도착지, 탑승일, 탑승시간 등을 알려 주면 된다.

◆수화물 정리
여행 중의 쇼핑으로 누구나 귀국 때는 출국 당시보다 짐이 많아지게 마련이다. 짐을 쌀 때는 우선 탑승시의 허용용량을 감안해 버릴 것은 과감히 버리는 것이 좋다. 또 선물과 기념품 등 통관검사를 받아야 할 것은 한곳에 모아 투명한 비닐봉지에 넣어 모아두는 것이 좋다. 여권, 항공권 또는 승선권, 카메라, 현금 등은 몸에 직접 소지한다. 기내에 들고 들어갈 수 있는 가방은 한 개이므로 공항이나 기내에서 면세물품을 사게 될 경우를 예상해서 여유를 둔다.

PART 8

귀국
归国

여행을 마치고 귀국 준비할 때
공항으로 갈 때
탑승수속을 밟을 때

여행을 마치고 귀국 준비할 때·1

❶ 내일 비행기는 예약이 됩니까?
naeil bihaenggineun yeyagi doemnikka?

❷ 다른 비행기는 없습니까?
dareun bihaenggineun eopseumnikka?

❸ 편명과 출발 시간을 알려 주십시오.
pyeonmyeonggwa chulbal siganeul allyeo jusipsio.

❹ 몇 시까지 탑승수속을 하면 됩니까?
myeot sikkaji tapseungsusogeul Ha-myeon doemnikka?

❺ 예약을 재확인하고 싶은데요.
yeyageul jaehwaginhago sipeundeyo.

❻ 성함과 편명을 말씀하십시오.
seonghamgwa pyeonmyeongeul malsseumhasipsio.

❼ 무슨 편 몇 시발입니까?
museun pyeon myeot sibarimnikka?

准备归国·1

① 밍티엔더페이지닝 위위에마?
明天的飞机能预约吗?
míng tiān de fēi jī néng yù yuē ma

② 메이여우삐에더 페이지마?
没有别的飞机吗?
méi yǒu bié de fēi jī ma

③ 칭까오수워 항반허스지엔.
请告诉我航班和时间。
qǐng gào sù wǒ háng bān hé shí jiān

④ 따오 지디엔 떵지?
到几点登机?
dào jǐ diǎn dēng jī

⑤ 샹짜이취에런이샤 위위에네이롱.
想再确认一下预约内容。
xiǎng zài què rèn yí xià yù yuē nèi róng

⑥ 칭쉬 싱밍허항반밍.
请说姓名和航班名。
qǐng shuō xìng míng hé háng bān míng

⑦ 선머항반 지디엔종?
什么航班几点钟?
shén me háng bān jǐ diǎn zhōng

여행을 마치고 귀국 준비할 때·2

① 한국에서 예약했는데요.
hangugeseo yeyakaenneundeyo.

② 즉시 확인해 주십시오.
jeuksi hwaginhae jusipsio.

③ 비행편을 변경할 수 있습니까?
bihaengpyeoneul byeongyeonghal su itseumnikka?

④ 10월 9일로 변경하고 싶습니다.
siwol guilllo byeongyeonghago sipseumnida.

⑤ 예약을 취소하고 싶은데요.
yeyageul chwisohago sipeundeyo.

⑥ 다른 항공사 비행기를 확인해 주세요.
dareun hanggongsa bihaenggireul hwaginhae juseyo.

⑦ 해약 대기로 부탁할 수 있습니까?
haeyak daegiro butakal su itseumnikka?

准备归国·2

① 워짜이한궈 위위에러.
我在韩国预约了。
wǒ zài hán guó yù yuē le

② 칭마상 취에런이샤.
请马上确认一下。
qǐng mǎ shàng què rèn yí xià

③ 넝후안 항반마?
能换航班吗?
néng huàn háng bān ma

④ 시앙후안청 스위에져우하오더 항반.
想换成十月九号的航班。
xiǎng huàn chéng shí yuè jiǔ hào de háng bān

⑤ 시앙취샤오 위위에.
想取消预约。
xiǎng qǔ xiāo yù yuē

⑥ 칭취에런이샤 삐에더항콩꽁스.
请确认一下别的航空公司。
qǐng què rèn yí xià bié de háng kōng gōng sī

⑦ 칭께이워 후안청따이지 커이마?
请给我换成待机可以吗?
qǐng gěi wǒ huàn chéng dài jī kě yǐ ma

탑승수속을 밟을 때

❶ 탑승수속은 어디서 합니까?
tapseungsusogeun eodiseo hamnikka?

❷ 대한항공 카운터는 어디입니까?
Korean Air kaunteoneun eodiimnikka?

❸ 공항세는 있습니까?
gonghangseneun itseumnikka?

❹ 통로쪽(창쪽)으로 부탁합니다.
tongnojjok(changjjok)euro butakamnida.

❺ 맡기실 짐은 있으십니까?
matgisil jimeun isseusimnikka?

❻ 맡길 짐은 없습니다.
matgil jimeun eopseumnida.

❼ 이 가방은 기내로 가지고 들어갑니다.
i gabangeun ginaero gajigo deureogamnida.

登机手续

① 덩지셔우쉬짜이날반?
登机手续在哪儿办?
dēng jī shǒu xù zài nǎ er bàn

② 따한항콩 꾸이타이 자이날?
大韩航空柜台在哪儿?
dà hán háng kōng guì tái zài nǎ er

③ 여우 지창수이마?
有机场税吗?
yǒu jī chǎng shuì ma

④ 칭께이워 꿔다오(추앙후) 팡더웨이즈.
请给我过道(窗户)旁的位置。
qǐng gěi wǒ guò dào chuāng hù páng dé wèi zhì

⑤ 여우쉬야오 퉈윈더 씽리마?
有需要托运的行李吗?
yǒu xū yào tuō yùn dé xíng lǐ ma

⑥ 워메이여우 야오춘더 바오.
我没有要存的包。
wǒ méi yǒu yào cún dé bāo

⑦ 저거빠오 야오나따오 지네이더.
这个包要拿到机内的。
zhè ge bāo yào ná dào jī nèi dé

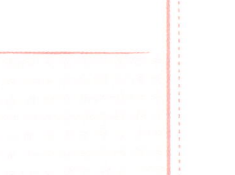

즉석에서 찾아보는
여행단어

가

□ 가게	店 diàn	띠엔
□ 가격	价格 jiàgé	지아거
□ 가공(하다)	加工 jiāgōng	지아공
□ 가구	家具 jiājù	지아쥐
□ 가깝다	近 jìn	진
□ 가늘다	细 xì	시
□ 가능(하다)	可能 kěnéng	커넝
□ 가다	去 qù	취
□ 가도	街道儿 jiēdàor	지에따올
□ 가렵다	痒 yǎng	양
□ 가로	横 héng	헝
□ 가로등	路灯 lùdēng	루덩
□ 가로수	街道儿树 jiēdàorshù	지에따올수
□ 가루	粉 fěn	펀
□ 가르치다	教 jiāo	지아오
□ 가리다	遮 zhē	저
□ 가리키다	指 zhǐ	즈
□ 가맹	加盟 jiāméng	지아멍

227

가

☐ 가면	假面 jiǎmiàn	지아미엔
☐ 가명	假名 jiǎmíng	지아밍
☐ 가발	假发 jiǎfà	지아파
☐ 가방	包 bāo	빠오
☐ 가볍다	轻 qīng	칭
☐ 가사	歌词 gēcí	거츠
☐ 가솔린	气油 qìyóu	치여우
☐ 가수	歌手 gēshǒu	거셔우
☐ 가스	气 qì	치
☐ 가슴	胸 xiōng	시옹
☐ 가요	歌儿 gēr	걸
☐ 가운	浴衣 yùyī	위이
☐ 가운데	当中 dāngzhōng	당중
☐ 가위	剪刀 jiǎndāo	지엔다오
☐ 가을	秋天 qiūtiān	치우티엔
☐ 가이드	向导 xiàngdǎo	시앙다오
☐ 가입(하다)	加入 jiārù	지아루
☐ 가자미	鲽 dié	띠에
☐ 가장	最 zuì	쮀이
☐ 가장자리	边 biān	비엔

가

□ 가정	家庭 jiātíng	지아팅
□ 가족	家族 jiāzú	지아쭈
□ 가죽	皮 pí	피
□ 가지	茄子 qiézi	치에즈
□ 가짜	假 jiǎ	지아
□ 가치	价值 jiàzhí	지아즈
□ 각국	各国 gèguó	꺼구어
□ 각도	角度 jiǎodù	지아오뚜
□ 각별하다	格别 gébié	거삐에
□ 각선미	脚线美 jiǎoxiànměi	지아오시엔메이
□ 각자부담	打并伙儿 dǎbìnghuǒr	따빙후얼
□ 각종	各种 gèzhǒng	꺼중
□ 각지	各地 gèdì	꺼띠
□ 간	肝 gān	간
□ 간격	间隔 jiāngē	지엔거
□ 간단하다	简单 jiǎndān	지엔단
□ 간병	看护 kānhù	칸후
□ 간식	点心 diǎnxin	디엔씬
□ 간염	肝炎 gānyán	간이엔
□ 간자체	简体字 jiǎntǐzì	지엔티쯔

229

간

□ 간장	酱油 jiàngyóu	지앙어우
□ 간접	间接 jiànjiē	지엔지에
□ 간판	牌 pái	파이
□ 간편하다	简便 jiǎnbiàn	지엔삐엔
□ 간호사	护士 hùshi	후스
□ 갇히다	被关 bèiguān	뻬이꽌
□ 갈다	磨 mó	모
□ 갈림길	岔道儿 chàdàor	차따올
□ 갈매기	海鸥 hǎi'ōu	하이어우
□ 갈비	肋骨 lèigǔ	레이꾸
□ 갈색	褐色 hèsè	허써
□ 갈아입다	换衣 huànyī	환이
□ 갈아타다	换车 huànchē	환처
□ 갈증나다	渴 kě	커
□ 갈치	刀鱼 dāoyú	따오위
□ 감	柿子 shìzi	스즈
□ 감각	感觉 gǎnjué	간쥐에
□ 감격	感激 gǎnjī	간지
□ 감기	感冒 gǎnmào	간마오
□ 감자	马铃薯 mlíngshǔ	마링수

□ 감정	感情 gǎnqíng	간칭
□ 감추다	藏 cáng	창
□ 감탄하다	叹 tàn	탄
□ 갑갑하다	发紧 fājǐn	파진
□ 갑자기	忽然 hūrán	후란
□ 갑판	甲板 jiǎbǎn	지아반
□ 값	价 jià	지아
□ 값어치	值 zhí	즈
□ 갓난애	婴儿 yīng'ér	잉얼
□ 강	江 jiāng	지앙
□ 강가	江头 jiāngtóu	지앙터우
□ 강도	强盗 qiángdào	치앙따오
□ 강매	派销 pàixiāo	파이시아오
□ 강물	河水 héshuǐ	허쉐이
□ 강아지	狗崽子 gǒuzǎizi	꺼우자이즈
□ 강철	钢 gāng	강
□ 강하다	强 qiáng	치앙
□ 갖가지	多般 duōbān	뚜어반
□ 갖추다	装备 zhuāngbèi	주앙뻬이
□ 같다	同 tóng	통

같

□ 같이	一同 yītóng	이통	
□ 갚다	还 huán	환	
□ 개	狗 gǒu	거우	
□ 개구리	蛙 wā	와	
□ 개업(하다)	开业 kāiyè	카이예	
□ 개인	个人 gèrén	꺼런	
□ 개찰(하다)	铰票 jiǎopiào	지아오피아오	
□ 개표	开票 kāipiào	카이피아오	
□ 객석	客座 kèzuò	커쭈어	
□ 객실	客厅 kètīng	커팅	
□ 객지	客地 kèdì	커디	
□ 갤러리	画廊 huàláng	화랑	
□ 거두다	收 shōu	셔우	
□ 거래	交易 jiāoyì	지아오이	
□ 거리	街 jiē	지에	
□ 거리	距离 jùlí	쥐리	
□ 거북이	龟 guī	궤이	
□ 거북하다	拘笼 jūlóng	쥐롱	
□ 거세다	武 wǔ	우	
□ 거스름돈	找钱 zhǎoqián	자오치엔	

□ 거실	居室 jūshì	쮜스
□ 거액(의)	巨额 jù'é	쮜어
□ 거울	镜子 jìngzi	징즈
□ 거위	鹅 é	어
□ 거절(하다)	拒绝 jùjué	쮜쮜에
□ 거즈	纱 shā	사
□ 거지	乞丐 qǐgài	치까이
□ 거짓말	谎言 huǎngyán	후앙이엔
□ 거칠다	粗鲁 cūlǔ	추루
□ 거품	泡 pào	파오
□ 걱정하다	忧虑 yōulǜ	이우뤼
□ 건강하다	健壮 jiànzhuàng	지엔주앙
□ 건너다	渡 dù	뚜
□ 건널목	路口 lùkǒu	루커우
□ 건배(하다)	干杯 gānbēi	깐뻬이
□ 건어물	腊鱼 làyú	라위
□ 건포도	葡萄干儿 pútáogānr	푸타오깐얼
□ 걷다	走 zǒu	저우
□ 걸다	挂 guà	꽈
□ 걸작	杰作 jiézuò	지에쭈어

검

검다	黑 hēi	헤이
검문	讯问 xùnwèn	쉰원
검사(하다)	检查 jiǎnchá	지엔차
검정(색)	黑色 hēisè	헤이씨
검진	诊察 zhěnchá	전차
검출	检出 jiǎnchū	지엔추
검토	检讨 jiǎntao	지엔타오
검푸르다	碧绿 bìlǜ	삐뤼
겉	面子 miànzi	미엔즈
겉모습	外表 wàibiǎo	와이비아오
겉옷	外衣 wàiyī	와이이
게	蟹 xiè	시에
게시판	布告牌 bùgàopái	부까오파이
게임	比赛 bǐsài	삐사이
겨드랑이	胳 gā	가
겨울	冬天 dōngtiān	동티엔
겨자	芥 gài	가이
격식	格式 géshì	거스
격일	隔日 gérì	거르
견문	见识 jiànshí	지엔스

견

가

견본	样品 yàngpǐn	양핀
견습생	徒弟 túdì	투띠
견학(하다)	参观 cānguān	찬관
결과	结果 jiēguǒ	지에구어
결국	结局 jiéjú	지에쥐
결단	决断 juéduàn	쥐에뚜안
결론	结论 jiélùn	지에룬
결말	结末 jiémò	지에모
결손나다	缺损 quēsǔn	취에쑨
결승전	决赛 juésài	쥐에싸이
결실	结实 jiéshí	지에스
결심	决心 juéxīn	쥐에씬
결재하다	裁决 cáijué	차이쥐에
결점	缺点 quēdiǎn	취에디엔
결정(하다)	决定 juédìng	쥐에띵
결혼	结婚 jiéhūn	지에훈
겸손(하다)	谦逊 qiānxùn	치엔쉰
겸용	两用 liǎngyòng	리앙용
겸하다	兼 jiān	지엔
겹겹이	重重 chóngchóng	총총

경

□ 경계	境界 jìngjiè	찡지에
□ 경계(하다)	警戒 jǐngjiè	징지에
□ 경관	景象 jǐngxiàng	징시앙
□ 경극	京戏 jīngxì	징시
□ 경기	竞赛 jìngsài	징싸이
□ 경례	敬礼 jìnglǐ	징리
□ 경마	赛马 sàimǎ	싸이마
□ 경매(하다)	竞买 jìngmǎi	징마이
□ 경미하다	轻微 qīngwēi	칭웨이
□ 경비	经费 jīngfèi	징페이
□ 경쟁(하다)	竞争 jìngzhēng	징정
□ 경적	警号 jǐnghào	징하오
□ 경전	经典 jīngdiǎn	징디엔
□ 경제	经济 jīngjì	징지
□ 경치	景色 jǐngsè	징써
□ 경쾌	轻快 qīngkuài	칭콰이
□ 경품	彩品 cǎipǐn	차이핀
□ 경험	经验 jīngyàn	징이엔
□ 곁	侧 cè	처
□ 곁들이다	附加 fùjiā	푸지아

계

□ 계곡	溪谷 xīgǔ	시꾸
□ 계단	楼梯 lóutī	러우티
□ 계란	鸡蛋 jīdàn	지딴
□ 계산기	计算机 jìsuànjī	지쑤안지
□ 계산(하다)	算 suàn	쑤안
□ 계속(하다)	继续 jìxù	지쉬
□ 계약	约定 yuēdìng	위에띵
□ 계절	季节 jìjié	지지에
□ 계좌	账户 zhànghù	장후
□ 계획	计划 jìhuà	지화
□ 고객	顾客 gùkè	꾸커
□ 고구마	甘薯 gānshǔ	깐수
□ 고궁	古宫 gǔgōng	구꽁
□ 고귀하다	高贵 gāoguì	카오꿰이
□ 고급의	高级 gāojí	가오지
□ 고기	肉 ròu	러우
□ 고대	古代 gǔdài	구따이
□ 고도(옛도읍)	古都 gǔdū	구뚜
□ 고도	高度 gāodù	가오뚜
□ 고등어	鲭鱼 qīngyú	칭위

고

한국어	중국어	발음
고래	鲸鱼 jīngyú	징위
고리	环 huán	후안
고릴라	大猩猩 dàxīngxing	다씽씽
고모	姑姑 gūgu	구구
고목	枯木 kūmù	쿠무
고무	橡胶 xiàngjiāo	시앙지아오
고문	古文 gǔwén	구원
고물	古物 gǔwù	구우
고민하다	苦闷 kǔmèn	쿠먼
고발(하다)	告发 gàofā	까오파
고백	告白 gàobái	까오바이
고봉	高峰 gāofēng	가오펑
고사리	蕨菜 juécài	쥐에차이
고상하다	高尚 gāoshàng	가오상
고생하다	辛苦 xīnkǔ	씬쿠
고서	古书 gǔshū	구수
고소(하다)	告状 gàozhuàng	까오주앙
고속	高速 gāosù	가오쑤
고속도로	高速公路 gāosùgōnglù	까오쑤공루
고수	高手儿 gāoshǒur	가오서울

238

고양이	猫 māo	마오
고열	高烧 gāoshāo	가오샤오
고온	高温 gāowēn	가오원
고용인	雇员 gùyuán	꾸위엔
고유의	固有 gùyǒu	꾸여우
고인	死者 sǐzhě	쓰저
고장	故障 gùzhàng	꾸장
고저	高低 gāodī	가오디
고적	古迹 gǔjì	구지
고전	古典 gǔdiǎn	구디엔
고참	老前辈 lǎoqiánbèi	라오치엔뻬이
고체	固体 gùtǐ	꾸티
고추	辣椒 làjiāo	라지아오
고층의	高层 gāocéng	가오청
고치다	改 gǎi	가이
고프다	饿 è	어
고함치다	叫 jiào	지아오
고향	故乡 guxiāng	꾸시앙
고혈압	高血压 gāoxuèyā	가오쉬에야
곡(음악)	曲子 qǔzi	취즈

곡

□ 곡마(서커스)	马戏 mǎxì	마시
□ 곡목	曲目 qǔmù	취무
□ 곡물(곡식)	谷物 gǔwù	구우
□ 곡선	曲线 qūxiàn	취시엔
□ 곡예	杂技 zájì	자지
□ 곤란	困难 kùnnàn	쿤난
□ 곤충	昆虫 kūnchóng	쿤충
□ 곧장	直 zhí	즈
□ 골격	骨骼 gǔgé	구거
□ 골동품	古董儿 gǔdǒngr	구뚤
□ 골라내다	挑选 tiāoxuǎn	티아오쉬엔
□ 골목	胡同 hútòng	후통
□ 골짜기	峡 xiá	시아
□ 골프	高尔夫球 gāo'ěrfūqiú	가오얼부치우
□ 곰	熊 xióng	시옹
□ 곰팡이	霉 méi	메이
□ 곳	所 suǒ	쑤어
□ 공	球 qiú	치우
□ 공간	空间 kōngjiān	콩지엔
□ 공갈	恐喝 kǒnghè	콩허

□ 공감하다	共鸣	gòngmíng	공밍
□ 공구	工具	gōngjù	공쥐
□ 공군	空军	kōngjūn	콩쥔
□ 공기	空气	kōngqì	콩치
□ 공룡	恐龙	kǒnglóng	콩롱
□ 공무원	公务员	gōngwùyuán	공우위엔
□ 공범	共犯	gòngfàn	공판
□ 공부(하다)	念书	niànshū	니엔수
□ 공산당	共产党	gòngchǎndǎng	꽁찬당
□ 공손하다	恭逊	gōngxùn	공쉰
□ 공안	公安	gōng'ān	공안
□ 공업	工业	gōngyè	공예
□ 공연(하다)	表演	biǎoyǎn	비아오이엔
□ 공예품	工艺品	gōngyìpǐn	공이핀
□ 공용	公用	gōngyòng	공용
□ 공원	公园	gōngyuán	공위엔
□ 공장	工厂	gōngchǎng	공창
□ 공장장	厂长	chǎngzhǎng	창장
□ 공적	功绩	gōngjì	공지
□ 공중	空中	kōngzhōng	콩중

공

□ 공중전화	公用电话 gōngyòngdiànhuà	꿍융띠엔화
□ 공짜	免费 miǎnfèi	미엔페이
□ 공채	公债 gōngzài	꿍자이
□ 공책	本子 běnzi	번쯔
□ 공평하다	公平 gōngpíng	꿍핑
□ 공항	机场 jīchǎng	지창
□ 공해	公害 gōnghài	꿍하이
□ 곶	岬角 jiǎjiǎo	지아지아오
□ 과거	过去 guòqù	꾸어취
□ 과대하다	夸大 kuādà	쿠아따
□ 과도기	过渡时期 guòdùshíqī	꾸어뚜스치
□ 과세	课税 kèshuì	커쉐이
□ 과속	超速 chāosù	차오쑤
□ 과수원	果圃 guǒpǔ	꾸어푸
□ 과식(하다)	过饱 guòbǎo	꾸어바오
□ 과일	水果 shuǐguǒ	쉐이꾸어
□ 과잉	过剩 guòshèng	꾸어성
□ 과자	点心 diǎnxīn	디엔씬
□ 과장(하다)	夸 kuā	콰
□ 과즙	果汁儿 guǒzhīer	꾸어즈얼

□ 과학	科学 kēxué	커쉬에
□ 관객	看客 kànkè	칸커
□ 관계	关系 guānxì	꽌시
□ 관광(하다)	观光 guānguāng	꾸안꽝
□ 관람(하다)	观看 guānkàn	꽌칸
□ 관련되다	相关 xiāngguān	시앙꽌
□ 관료	官僚 guānliáo	꽌리아오
□ 관리	官 guān	꽌
□ 관심	关心 guānxīn	꽌씬
□ 관찰(하다)	观察 guānchá	꽌차
□ 광경	景象 jǐngxiàng	징시앙
□ 광고	广告 guǎnggào	꽝까오
□ 광대하다	广大 guǎngdà	꽝따
□ 광물	矿物 kuàngwù	쾅우
□ 광산물	矿产 kuàngchǎn	쾅찬
□ 광야	广野 guǎngyě	꽝예
□ 광어	比目鱼 bǐmùyú	삐무위
□ 광장	广场 guǎngchǎng	꽝창
□ 괘종시계	挂钟 guàzhōng	꽈종
□ 괜찮다	不错 búcuò	부추어

괴

□ 괴력	怪劲儿 guàijìer	꽈이지얼
□ 괴롭다	难过 nánguò	난꾸어
□ 괴물	怪物 guàiwu	꽈이우
□ 괴짜	奇人 qírén	치런
□ 괴한	怪汉 guàihàn	꽈이한
□ 굉장하다	了不起 liǎobuqǐ	리아오부치
□ 교량	桥梁 qiáoliáng	치아오리앙
□ 교본	教本 jiàoběn	지아오번
□ 교사	教师 jiàoshī	지아오스
□ 교섭(하다)	交涉 jiāoshè	지아오서
□ 교수	教授 jiàoshòu	지아오서우
□ 교차되다	交叉 jiāochā	지아오차
□ 교통	交通 jiāotōng	지아오퉁
□ 교환(하다)	交换 jiāohuàn	지아오환
□ 교활하다	狡猾 jiǎohuá	지아오화
□ 구간	区间 qūjiān	취지엔
□ 구경(하다)	看 kàn	칸
□ 구급차	救伤车 jiùshāngchē	지우상처
□ 구덩이	坑 kēng	컹
□ 구두	口头 kǒutóu	커우터우

구

한국어	중국어	발음
□ 구름	云 yún	윈
□ 구리	铜 tóng	통
□ 구매(하다)	购买 gòumǎi	꺼우마이
□ 구멍	穴 xué	쉬에
□ 구분하다	区分 qūfēn	취펀
□ 구석	角落 jiǎoluò	지아오루어
□ 구역	区域 qūyù	취위
□ 구역질	呕气 ǒuqì	어우치
□ 구입(하다)	收购 shōugòu	셔우꺼우
□ 구조	构造 gòuzào	꺼우자오
□ 구토(하다)	呕吐 ǒutù	어우투
□ 구하다	求 qiú	치우
□ 구해내다	挽救 wǎnjiù	완지우
□ 구혼(하다)	求婚 qiúhūn	치우훈
□ 국가	国家 guójiā	구어지아
□ 국경절	国庆节 guóqìngjié	구어칭지에
□ 국물	水浆 shuǐjiāng	쉐이지앙
□ 국민	国民 guómín	구어민
□ 국보	国宝 guóbǎo	구어빠오
□ 국비	公费 gōngfèi	공페이

☐ 국영	国营 guóyíng	구어잉
☐ 국유	国有 guóyǒu	구어여우
☐ 국적	国籍 guójí	구어지
☐ 국제	国际 guójì	구어지
☐ 국화꽃	菊花 júhuā	쥐화
☐ 군인	军人 jūnrén	쥔런
☐ 군중	群众 qúnzhòng	췬종
☐ 굴	窟 kū	쿠
☐ 굵다	粗 cū	추
☐ 굶다	饿 è	어
☐ 굽다	烤 kǎo	카오
☐ 굽히다	屈 qū	취
☐ 궁금하다	惦念 diànniàn	디엔니엔
☐ 궁전	宫殿 gōngdiàn	공띠엔
☐ 권고	劝告 quàngào	취엔까오
☐ 권리	权利 quánlì	취엔리
☐ 권하다	劝 quàn	취엔
☐ 궤양	溃疡 kuìyáng	케이양
☐ 궤짝	柜子 guìzi	꿰이즈
☐ 귀	耳朵 ěrduō	얼뚜어

귀

□ 귀고리	耳坠子 ěrzhuìzi	얼쮀이즈
□ 귀국(하다)	归国 guīguó	꿰이꾸어
□ 귀금속	贵金属 guìjīnshǔ	꿰이진수
□ 귀빈	贵宾 guìbīn	꿰이빈
□ 귀성(하다)	探亲 tànqīn	탄친
□ 귀신	鬼 guǐ	꿰이
□ 귀엽다	可爱 kě'ài	커아이
□ 귀중품	贵重品 guìzhòngpǐn	꿰이쭝핀
□ 귀찮다	讨厌 tǎoyàn	타오이엔
□ 귀하다	贵 guì	꿰이
□ 규격	规格 guīgé	꿰이거
□ 규모	规模 guīmó	꿰이모
□ 균등하다	平均 píngjūn	핑쥔
□ 균일하다	均匀 jūnyún	쥔윈
□ 균형	平衡 pínghéng	핑형
□ 귤	橘子 júzi	쥐즈
□ 그것	那个 nàge	나거
□ 그녀	她 tā	타
□ 그들	他们 tāmen	타먼
□ 그때	那时 nàshí	나스

ㄱ

□ 그래도	然而 rán'ér	런얼
□ 그래서	乃 nǎi	나이
□ 그램	公分 gōngfēn	꽁펀
□ 그러나	可是 kěshì	커스
□ 그러면	那么 nàme	나머
□ 그런데	不过 búguò	부꾸어
□ 그루	株 zhū	주
□ 그룹	组 zǔ	쭈
□ 그르다	不对 búduì	뿌뚜에이
□ 그릇	器 qì	치
□ 그리고	和 hé	허
□ 그리다	绘 huì	훼이
□ 그리워하다	怀念 huáiniàn	화이니엔
□ 그림	画儿 huàr	활
□ 그립다	怀念 huáiniàn	화이니엔
□ 그만두다	罢 bà	빠
□ 그밖에	另外 lìngwài	링와이
□ 그저께	前天 qiántiān	치엔티엔
□ 그치다	止 zhǐ	즈
□ 극단	剧团 jùtuán	쥐투안

□ 극장	剧场 jùchǎng	쥐창
□ 근(무게)	斤 jīn	진
□ 근교	近郊 jìnjiāo	진지아오
□ 근년	近年 jìnnián	진니엔
□ 근래	近来 jìnlái	진라이
□ 근육	筋 jīn	진
□ 글러브	手套儿 shǒutàor	서우타올
□ 글자	文字 wénzì	원즈
□ 글피	大后天 dàhòutiān	다허우티엔
□ 금	金 jīn	진
□ 금고	金库 jīnkù	진쿠
□ 금괴	金块 jīnkuài	진콰이
□ 금기	禁忌 jìnjì	진지
□ 금년	今年 jīnnián	진니엔
□ 금리	利息 lìxī	리시
□ 금빛	金色 jīnsè	진써
□ 금속	金属 jīnshǔ	진수
□ 금액	金额 jīn'é	진어
□ 금요일	星期五 xīngqīwǔ	씽치우
□ 금은	金银 jīnyín	진인

금

□ 금전	金钱	jīnqián
□ 금지(하다)	禁止	jìnzhǐ
□ 급감하다	锐减	ruìjiǎn
□ 기계	机械	jīxiè
□ 기관	器官	qìguān
□ 기관지	支气管	zhīqìguǎn
□ 기괴하다	古怪	gǔguài
□ 기교	技巧	jìqiǎo
□ 기구	器具	qìjù
□ 기념	纪念	jìniàn
□ 기념품	纪念品	jìniànpǐn
□ 기능	技能	jìnéng
□ 기다리다	等	děng
□ 기대하다	期待	qīdài
□ 기러기	大雁	dàyàn
□ 기록	记录	jìlù
□ 기름	油	yóu
□ 기린	麒麟	qílín
□ 기묘하다	奇妙	qímiào
□ 기법	技法	jìfǎ

□ 기본	基本 jīběn	지번
□ 기분	气氛 qìfēn	치펀
□ 기쁘다	高兴 gāoxìng	가오씽
□ 기성복	成服 chéngfú	청푸
□ 기숙사	宿舍 sùshè	수서
□ 기술	技术 jìshù	지수
□ 기온	气温 qìwēn	치원
□ 기와	瓦 wǎ	와
□ 기울다	倾 qīng	칭
□ 기원	起源 qǐyuán	치위엔
□ 기일	期日 qīrì	치르
□ 기자	记者 jìzhě	지저
□ 기재	器材 qìcái	치차이
□ 기저귀	衬尿布 chènniàobù	천니아오뿌
□ 기적	奇迹 qíjì	치지
□ 기점	起点 qǐdiǎn	치디엔
□ 기준	基准 jīzhǔn	지준
□ 기지	基地 jīdì	지띠
□ 기차	火车 huǒchē	후어처
□ 기초	基础 jīchǔ	지추

251

기

□ 기타	吉他 jítā	지타
□ 기한	期限 qīxiàn	치시엔
□ 기회	机会 jīhuì	지훼이
□ 기후	气候 qìhòu	치허우
□ 길	路 lù	루
□ 길다	长 cháng	창
□ 길바닥	路面 lùmiàn	루미엔
□ 길이	长度 chángdù	창뚜
□ 길흉	吉凶 jíxiōng	지시옹
□ 갑스	石膏 shígāo	스가오
□ 깃발	旗子 qízi	치즈
□ 깊다	深 shēn	션
□ 깊이	深度 shēndù	션뚜
□ 깡통	罐 guàn	꽌
□ 깡패	歹徒 dǎitú	다이투
□ 깨	芝麻 zhīmá	즈마
□ 깨끗하다	干净 gānjìng	간징
□ 깨뜨리다	破 pò	포
□ 깨어나다	醒 xǐng	씽
□ 꺼내다	掏 tāo	타오

꺼리다	忌 jì	지
꺾다	折 zhé	저
껍질	表皮 biǎopí	삐아오피
껴안다	拥抱 yōngbào	용빠오
꼬리	尾巴 wěiba	웨이빠
꼭대기	顶端 dǐngduān	딩두안
꽁치	秋刀鱼 qiūdāoyú	치우따오위
꽃	花 huā	화
꽃다발	花束 huāshù	화수
꽃무늬	花纹 huāwén	화원
꽃집	花店 huādiàn	화디엔
꿀	蜜 mì	미
꿀벌	蜜蜂 mìfēng	미펑
끈	绳子 shéngzi	셩즈
끊다	断 duàn	뚜안
끓다	煮开 zhǔkāi	주카이
끝	末尾 mòwěi	모웨이
끝나다	完成 wánchéng	완청
끼어들다	介入 jièrù	지에루
끼우다	夹 jiā	지아

나

☐ 나	我　wǒ	워
☐ 나가다	出去　chūqù	추취
☐ 나누다	分　fēn	펀
☐ 나라	国　guó	구어
☐ 나머지	其余　qíyú	치위
☐ 나무	树　shù	수
☐ 나뭇잎	树叶儿　shùyèr	수옐
☐ 나쁘다	不好　bùhǎo	뿌하오
☐ 나오다	出来　chūlái	추라이
☐ 나이	岁数　suìshu	쮀이수
☐ 나이트클럽	夜总会　yèzǒnghuì	예종훼이
☐ 나일론	尼龙　nílong	니롱
☐ 낙원	乐园　lèyuán	러위엔
☐ 낙타	骆驼　luòtuo	루어투어
☐ 낚시	钓钩儿　diàogōur	디아오거울
☐ 난간	栏杆　lángān	란간
☐ 난로	炉子　lúzi	루즈
☐ 날개	翼　yì	이

날

□ 날씨	天气 tiānqì	티엔치
□ 날짜	日子 rìzi	르즈
□ 낡다	旧 jiù	지우
□ 남녀	男女 nánnǚ	난뉘
□ 남다	剩 shèng	셩
□ 남방	南方 nánfāng	난팡
□ 남부	南部 nánbù	난뿌
□ 남색	蓝色 lánsè	란써
□ 남성	男性 nánxìng	난씽
□ 남자	男子 nánzǐ	난즈
□ 남쪽	南 nán	난
□ 남편	丈夫 zhàngfu	짱푸
□ 낮	白天 báitiān	바이티엔
□ 낮다	低 dī	디
□ 낳다	生 shēng	셩
□ 내과	内科 nèikē	네이커
□ 내기하다	打赌 dǎdǔ	따두
□ 내년	来年 láinián	라이니엔
□ 내륙	内陆 nèilù	네이루
□ 내리다	降 jiàng	지앙

내

□ 내리막길	下坡路 xiàpōlù	시아포루
□ 내왕(하다)	来往 láiwǎng	라이웡
□ 내외	内外 nèiwài	네이와이
□ 내용	内容 nèiróng	네이롱
□ 내의	衬衣 chènyī	천이
□ 내일	明天 míngtiān	밍티엔
□ 내후년	后年 hòunián	허우니엔
□ 냄새	气 qì	치
□ 냅킨	餐巾 cānjīn	찬진
□ 냇가	川边 chuānbiān	추안비엔
□ 냉난방	冷暖气 lěngnuǎnqì	렁누안치
□ 냉동(하다)	冷冻 lěngdòng	렁동
□ 냉방	冷炕 lěngkàng	렁캉
□ 냉수	冷水 lěngshuǐ	렁쉐이
□ 냉음료	冷饮 lěngyǐn	렁인
□ 냉장고	电冰箱 diànbīngxiāng	띠엔빙시앙
□ 너	你 nǐ	니
□ 넓다	宽阔 kuānkuò	쿠안쿠어
□ 넓이	幅 fú	푸
□ 넘다	越 yuè	위에

256

넙치	牙鲆 yápíng	야핑
넣다	投入 tóurù	터우루
네모	四角 sìjiǎo	쓰지아오
네온	氖 nǎi	나이
넥타이	领带 lǐngdài	링따이
노년	老年 lǎonián	라오니엔
노란색	黄色 huángsè	후앙써
노래	歌子 gēzi	거즈
노래하다	歌唱 gēchàng	거창
노름	赌博 dǔbó	두뽀
노인	老人 lǎorén	라오런
노점	地摊儿 dìtānr	띠탈
노트	笔记本 bǐjiběn	삐지번
녹다	溶 róng	롱
녹색	绿色 lǜsè	뤼써
녹음(하다)	录音 lùyìn	루인
녹이다	熔 róng	롱
논	水田 shuǐtián	쉐이티엔
논밭	田地 tiándì	티엔띠
놀다	玩 wán	완

농

□ 농경지	农田 nóngtián	농티엔
□ 농기구	农具 nóngjù	농쥐
□ 농담	玩笑 wánxiào	완시아오
□ 농도	浓度 nóngdù	농뚜
□ 농민	农民 nóngmín	농민
□ 농산품	农产品 nóngchǎnpǐn	농찬핀
□ 농업	农业 nóngyè	농예
□ 농작물	农作物 nóngzuòwù	농쭈어우
□ 농촌	农村 nóngcūn	농춘
□ 높다	高 gāo	가오
□ 높이	高度 gāodù	가오두
□ 뇌	脑子 nǎozi	나오즈
□ 누구	谁 shuí	쉐이
□ 누님	姐姐 jiějie	지에지에
□ 누드	写真 xiězhēn	시에전
□ 누렇다	黄 huáng	후앙
□ 누르다	压 yā	야
□ 누에	蚕 cán	찬
□ 누이	姐姐 jiějie	지에지에
□ 눈	雪 xuě	쉬에

눈

□ 눈	眼 yǎn	이엔
□ 눈물	眼泪 yǎnlèi	이엔레이
□ 눈보라	雪暴 xuěbào	쉬에바오
□ 눈사태	雪崩 xuěbēng	쉬에벙
□ 눈썹	眉毛 méimao	메이마오
□ 눈앞	眼下 yǎnxià	이엔시아
□ 뉴스	新闻 xīnwén	씬원
□ 느끼다	感觉 gǎnjué	간쥐에
□ 늘	常 cháng	창
□ 늘다	增加 zēngjiā	정지아
□ 늘리다	使增加 shǐzēngjiā	스정지아
□ 능력	能力 nénglì	넝리
□ 능률	效率 xiàolǜ	시아오뤼
□ 늦다	迟 chí	츠
□ 늦잠	懒觉 lǎnjiào	란지아오
□ 늦추다	松 sōng	쏭
□ 늪	池沼 chízhǎo	츠자오
□ 니코틴	尼古丁 nígǔdīng	니꾸딩

나

다

- 다갈색   茶褐色 cháhèsè   차허써
- 다니다   来来往往 láiláiwǎngwǎng   라이라이왕왕
- 다다르다   到达 dàodá   따오다
- 다량   多量 duōliàng   뚜어리앙
- 다르다   差 chà   차
- 다른 것   别的 biéde   비에더
- 다른 곳   别处 biéchù   비에추
- 다른 사람   别人 biérén   비에런
- 다리   足 zhú   주
- 다리(교량)   桥 qiáo   치아오
- 다리미   烙铁 làotie   라오티에
- 다림질   熨 yùn   윈
- 다발   束 sù   쑤
- 다수   多数 duōshù   뚜어수
- 다시마   昆布 kūnbù   쿤부
- 다음날   翌日 yìrì   이르
- 다음해   下一年 xiàyìnián   시아이니엔
- 다이아몬드   钻石 zuànshí   쭈안스

□ 다이얼	指孔盘 zhǐkǒngpán	즈콩판
□ 다하다	竭尽 jiéjìn	지에진
□ 닦다	擦 cā	차
□ 단가	单价 dānjià	단지아
□ 단골	常客 chángkè	창커
□ 단백질	蛋白质 dànbáizhì	딴바이즈
□ 단위	单位 dānwèi	단웨이
□ 단장	团长 tuánzhǎng	투안장
□ 단점	短处 duǎnchù	두안추
□ 단정하다	断定 duàndìng	뚜안띵
□ 단조롭다	单调 dāndiào	단띠아오
□ 단지	只 zhǐ	즈
□ 단체	团体 tuántǐ	투안티
□ 단추	纽扣儿 niǔkòur	니우커울
□ 단축(하다)	缩短 suōduǎn	쑤어두안
□ 단풍	丹枫 dānfēng	단펑
□ 닫다	关 guān	관
□ 달	月亮 yuèliàng	위에리앙
□ 달걀	鸡子儿 jīzǐer	지즈얼
□ 달다	量 liàng	리앙

☐ 달다	甜	tián	티엔
☐ 달러	美元	měiyuán	메이위엔
☐ 달력	月历	yuèlì	위에리
☐ 달리다	跑步	pǎobù	파오뿌
☐ 달빛	月光	yuèguāng	위에광
☐ 닭	鸡	jī	지
☐ 닮다	似	sì	쓰
☐ 담그다	浸	jìn	진
☐ 담당(하다)	担当	dāndāng	단당
☐ 담배	烟	yān	이엔
☐ 담임	担任	dānrèn	단런
☐ 당구	台球	táiqiú	타이치우
☐ 당국	当局	dāngjú	당쥐
☐ 당근	红萝卜	hóngluóbo	홍루어보
☐ 당신	你	nǐ	니
☐ 당원	党员	dǎngyuán	당위엔
☐ 당일치기	当天结束	dàngtiānjiéshù	당티엔지에수
☐ 당장	立刻	lìkè	리커
☐ 당하다	遭	zāo	자오
☐ 당황하다	惊慌	jīnghuāng	찡후앙

대가	代价 dàijià	따이지아
대개	大都 dàdōu	따더우
대나무	竹子 zhúzi	주즈
대낮	白天 báitian	바이티엔
대단하다	了不起 liǎobuqǐ	리아오부치
대리석	大理石 dàlǐshí	따리스
대리인	代理人 dàilǐrén	따이리런
대리점	经理处 jīnglǐchù	징리추
대머리	秃头 tūtóu	투터우
대사	大使 dàshǐ	따스
대사관	大使馆 dàshǐguǎn	따스관
대소	大小 dàxiǎo	따시아오
대야	水盆 shuǐpén	쉐이펀
대책	对策 duìcè	뚜에이처
대추	大枣 dàzǎo	따자오
대통령	总统 zǒngtǒng	종퉁
대파	大葱 dàcōng	따총
대표	代表 dàibiǎo	따이비아오
대피	待避 dàibì	다이비
대학	大学 dàxué	따쉬에

대

□ 대합실	候客室 hòukèshì	허우커스
□ 대형	大型 dàxíng	따씽
□ 대화(하다)	对话 duìhuà	뚜에이화
□ 대회	大会 dàhuì	따훼이
□ 댄서	舞女 wǔnǚ	우뉘
□ 댄스	舞蹈 wǔdǎo	우따오
□ 댐	水坝 shuǐbà	쉐이빠
□ 더럽다	脏 zāng	장
□ 더럽히다	污蔑 wūmiè	우미에
□ 더하다	加 jiā	지아
□ 덤	饶头 ráotou	라오터우
□ 덤핑	倾销 qīngxiāo	칭시아오
□ 덥다	热 rè	러
□ 덧니	重牙 chóngyá	총야
□ 덮개	盖子 gàizi	까이즈
□ 데이트	约会 yuēhuì	위에훼이
□ 도구	用具 yòngjù	융쥐
□ 도금(하다)	镀 dù	뚜
□ 도난	偷盗 tōudào	터우따오
□ 도넛	炸面圈 zhámiànquān	자미엔취엔

도

□ 도둑	贼 zéi	저이
□ 도라지	桔梗 jiégěng	지에겅
□ 도로	公路 gōnglù	공루
□ 도마	菜板 càibǎn	차이반
□ 도매(하다)	批发 pīfā	피파
□ 도미	鲷鱼 diāoyú	띠아오위
□ 도시	都市 dūshì	두스
□ 도자기	陶瓷 táocí	타오츠
□ 도장	印章 yìnzhāng	인장
□ 독감	重感冒 zhònggǎnmào	종깐마오
□ 독수리	雄鹰 xióngyīng	시옹잉
□ 독신	单身 dānshēn	단션
□ 독점(하다)	垄断 lǒngduàn	롱뚜안
□ 독촉(하다)	督促 dūcù	두추
□ 독특(하다)	独特 dútè	두터
□ 돈	钱 qián	치엔
□ 돈벌이	挣钱 zhèngqián	정치엔
□ 돈지갑	钱包 qiánbāo	치엔빠오
□ 돋보기	虫眼镜 chóngyǎnjìng	총이엔징
□ 돌	石头 shítou	스터우

돌

☐ 돌고래	海豚 hǎitún	하이툰
☐ 돕다	帮助 bāngzhù	빵주
☐ 동(쪽)	东 dōng	동
☐ 동굴	洞 dòng	동
☐ 동그라미	圆 yuán	위엔
☐ 동남	东南 dōngnán	동난
☐ 동료	同伴 tóngbàn	통빤
☐ 동맹	同盟 tóngméng	통명
☐ 동물	动物 dòngwù	똥우
☐ 동물원	动物园 dòngwùyuán	똥우위엔
☐ 동반자	伴侣 bànlǚ	빤뤼
☐ 동방	东方 dōngfāng	동펑
☐ 동부	东部 dōngbù	동뿌
☐ 동북	东北 dōngběi	동베이
☐ 동상	铜像 tóngxiàng	통시앙
☐ 동양	东洋 dōngyáng	동양
☐ 동업자	同事 tóngshì	통스
☐ 동업(하다)	同业 tóngyè	통예
☐ 동의(하다)	同意 tóngyì	통이
☐ 동일하다	同一 tóngyī	통이

□ 동전	铜钱 tóngqián	퉁치엔
□ 동지	同志 tóngzhì	퉁즈
□ 동행	同行 tónghang	퉁항
□ 돼지	猪 zhū	주
□ 되묻다	重问 chóngwèn	총원
□ 되찾다	收复 shōufù	서우푸
□ 된장	黄酱 huángjiàng	황지앙
□ 두껍다	厚 hòu	허우
□ 두께	厚度 hòudù	허우뚜
□ 두뇌	头脑 tóunǎo	터우나오
□ 두렵다	可怕 kěpà	커파
□ 두부	豆腐 dòufu	떠우푸
□ 두텁다	厚 hòu	허우
□ 두통	头痛 tóutòng	터우통
□ 드라마	剧 jù	쥐
□ 드라이브	兜风 dōufēng	떠우펑
□ 드레스	衣裙 yīqún	이췬
□ 드물다	稀 xī	시
□ 득실	得失 déshī	더스
□ 듣다	听 tīng	팅

들

□ 들	平原	píngyuán	핑위엔
□ 등	背	bèi	뻬이
□ 등대	灯塔	dēngtǎ	덩타
□ 등록(하다)	注册	zhùcè	주처
□ 디자인	设计	shèjì	서지
□ 디저트	尾食	wěishí	웨이스
□ 디젤유	柴油	cáiyóu	차이여우
□ 디지털	数码	shùmǎ	수마
□ 따뜻하다	温暖	wēnnuǎn	원누안
□ 딱딱하다	坚硬	jiānyìng	지엔잉
□ 딱하다	困窘	kùnjiǒng	쿤지옹
□ 딸	女儿	nǚ'ér	뉘얼
□ 딸기	草莓	cǎoméi	차오메이
□ 딸꾹질	打嗝儿	dǎgér	다걸
□ 땀	汗	hàn	한
□ 땅	地	dì	띠
□ 땅바닥	地上	dìshang	디샹
□ 땅콩	花生	huāshēng	화셩
□ 때	时候	shíhou	스허우
□ 때리다	打	dǎ	다

□ 떠나다	离 lí	리
□ 떡	饼 bǐng	빙
□ 똑같다	相同 xiāngtóng	시앙통
□ 뚜껑	盖儿 gàir	깔
□ 뚜렷하다	分明 fēnmíng	펀밍
□ 뚱보	胖子 pàngzi	팡즈
□ 뛰다	跑 pǎo	파오
□ 뛰어나다	优秀 yōuxiù	여우시우
□ 뜨겁다	热 rè	러
□ 뜰	院子 yuànzi	위엔즈
□ 뜻	意义 yìyì	이이
□ 뜻하다	意味着 yìwèizhe	이웨이저
□ 띠	带 dài	따이

라

라

□ 라디오	收音机 shōuyīnjī	서우인지
□ 라면	干吃面 gānchīmiàn	간츠미엔
□ 라벨	瓶签 píngqiān	펀치엔
□ 라이벌	竞争者 jìngzhēngzhě	징정저
□ 라이터	打火机 dǎhuǒjī	따후어지
□ 라이트	光线 guāngxiàn	광시엔
□ 라인	线 xiàn	시엔
□ 라켓	球拍子 qiúpāizi	치우파이즈
□ 란제리	女内衣 nǚnèiyī	뉘네이이
□ 램프	洋灯 yángdēng	양덩
□ 러닝셔츠	背心 bèixīn	뻬이씬
□ 러시아워	拥挤时间 yōngjǐshíjiān	용지스지엔
□ 럭비	橄榄球 gǎnlǎnqiú	간란치우
□ 레몬	柠檬 níngméng	닝멍
□ 레벨	水准 shuǐzhǔn	쉐이준
□ 레스토랑	餐馆 cānguǎn	찬관
□ 레이저	激光 jīguāng	지광
□ 레일	轨 guǐ	꿰이

270

□ 레저	休闲 xiūxián	시우시엔
□ 레코드	唱片 chàngpiàn	창피엔
□ 레터르	瓶签 píngqiān	핑치엔
□ 레퍼토리	节目 jiémù	지에무
□ 렌즈	镜头 jìngtóu	징터우
□ 렌터카	租汽车 zūqìchē	쭈치처
□ 로고	标识 biāozhì	비아오즈
□ 로봇	机器人 jīqìrén	지치런
□ 로비	楼道 lóudào	러우따오
□ 로션	洗剂 xǐjì	시지
□ 로켓	火箭 huǒjiàn	후어지엔
□ 로터리	圆环路 yuánhuánlù	위엔후안루
□ 로테이션	轮转 lúnzhuàn	룬주안
□ 로프	缆绳 lǎnshéng	란성
□ 롤러	辊子 gǔnzi	군즈
□ 루비	红宝石 hóngbǎoshí	홍빠오스
□ 루즈	口红 kǒuhóng	커우훙
□ 루트	渠道 qúdào	취따오
□ 루프	节育环 jiéyùhuán	지에위후안
□ 류머티즘	风湿 fēngshī	펑스

리

□ 리더	领导人 lǐngdǎorén	링따오런
□ 리더십	统率力 tǒngshuàilì	통수아이리
□ 리듬	节奏 jiézòu	지에저우
□ 리모컨	遥控 yáokòng	야오콩
□ 리바이벌	重演 chóngyǎn	총이엔
□ 리본	带子 dàizi	다이즈
□ 리셉션	招待会 zhāodàihuì	자오따이훼이
□ 리스트	名单 míngdān	밍단
□ 리어카	手推车 shǒutuīchē	셔우퉤이처
□ 리터	升 shēng	성
□ 리포터	通讯员 tōngxùnyuán	통쉰위엔
□ 리포트	报告 bàogào	바오까오
□ 리프트	升降机 shēngjiàngjī	성지앙지
□ 리허설	彩排 cǎipái	차이파이
□ 린스	护发素 hùfàsù	후파쑤
□ 립스틱	唇膏 chúngāo	춘가오
□ 링	环 huán	환

마

□ 마감(하다)	截止 jiézhǐ	지에즈
□ 마개	塞子 sāizi	싸이즈
□ 마네킹	人体模型 réntǐmóxíng	런티모씽
□ 마늘	蒜 suàn	쑤안
□ 마디	节 jié	지에
□ 마무리	收尾 shōuwěi	셔우웨이
□ 마사지	按摩 ànmó	안모
□ 마술	魔术 móshù	모수
□ 마술사	魔术师 móshùshī	모수스
□ 마스코트	福神 fúshén	푸션
□ 마스크	口罩儿 kǒuzhàor	커우자올
□ 마시다	喝 hē	허
□ 마요네즈	蛋黄酱 dànhuángjiàng	단후앙지앙
□ 마을	村子 cūnzi	춘즈
□ 마음	心 xīn	신
□ 마음씨	心眼儿 xīnyǎnr	씬이엘
□ 마이너스	减 jiǎn	지엔
□ 마이크	麦克风 màikèfēng	마이커펑

273

마

□ 마지막	最终	zuìzhōng	쮀이종
□ 마진	利润	lìrùn	리룬
□ 마차	马车	mǎchē	마처
□ 마케팅	营销	yíngxiāo	잉시아오
□ 마크	记号	jihao	지하오
□ 만나다	会	huì	훼이
□ 만년필	钢笔	gāngbǐ	깡비
□ 만두	饺子	jiǎozi	지아즈
□ 만들다	作	zuò	쭈어
□ 만화	漫画	mànhuà	만화
□ 많다(사람)	众	zhòng	종
□ 많다	好多	hǎoduō	하오뚜어
□ 말	话	huà	화
□ 말	马	mǎ	마
□ 맑다	清	qīng	칭
□ 맑은(날씨)	晴	qíng	칭
□ 맛	味道	wèidao	웨이따오
□ 맛보다	品尝	pǐncháng	핀창
□ 맛있다	好吃	hǎochī	하오츠
□ 망가지다	坏	huài	화이

274

□ 망원경	望远镜 wàngyuǎnjìng	왕위엔징	
□ 망하다	亡 wáng	왕	
□ 맞선	相 xiāng	시앙	
□ 맞은편	对面 duìmiàn	뚜에이미엔	
□ 맞이하다	接应 jiēyìng	지에잉	
□ 매니큐어	指甲油 zhǐjiayóu	즈지아여우	
□ 매다	结 jié	지에	마
□ 매달다	吊 diào	띠아오	
□ 매매	买卖 mǎimài	마이마이	
□ 매번	每次 měicì	메이츠	
□ 매상	销卖 xiāomài	시아오마이	
□ 매점	小卖部 xiǎomàibù	시아오마이부	
□ 매진	卖光 màiguāng	마이광	
□ 매화	梅花 méihuā	메이화	
□ 맥주	啤酒 píjiǔ	피지우	
□ 맨발	赤脚 chìjiǎo	츠지아오	
□ 맨손	赤手 chìshǒu	츠셔우	
□ 맵다	辣 là	라	
□ 맹수	猛兽 měngshòu	멍셔우	
□ 맺다	结 jié	지에	

머

□ 머리	头 tóu	터우
□ 머리털	头发 tóufà	터우파
□ 머물다	停留 tíngliú	팅리우
□ 먹	墨 mò	모
□ 먹다	吃 chī	츠
□ 먼곳	远方 yuǎnfāng	위엔팡
□ 먼저	先 xiān	시엔
□ 멀다	远 yuǎn	위엔
□ 멋	风姿 fēngzī	펑즈
□ 멋있다	带劲 dàijìn	따이진
□ 멋지다	精彩 jīngcǎi	징차이
□ 메뉴	菜单 càidān	차이단
□ 메모	字条儿 zìtiáor	즈티아올
□ 메시지	通讯 tōngxùn	통쉰
□ 메이커	厂商 chǎngshāng	창상
□ 메이크업	化妆 huàzhuāng	화주앙
□ 멜로디	旋律 xuánlǜ	쉬엔뤼
□ 멜론	瓜 guā	과
□ 멤버	成员 chéngyuán	청위엔
□ 며느리	媳妇 xífu	시푸

□ 면도칼	剃刀 tìdāo	티따오
□ 면세점	免税店 miǎnshuìdiàn	미엔쉐이디엔
□ 면역	免疫 miǎnyì	미엔이
□ 면적	面积 miànjī	미엔지
□ 면접	会面 huìmiàn	훼이미엔
□ 면제되다	免 miǎn	미엔
□ 면허증	执照 zhízhào	즈자오
□ 명랑하다	明朗 mínglǎng	밍랑
□ 명령	命令 mìnglìng	밍링
□ 명소	名胜 míngshèng	밍성
□ 명암	明暗 míng'àn	밍안
□ 명태	明太鱼 míngtàiyú	밍타이위
□ 명품	名品 míngpǐn	밍핀
□ 명함	名片 míngpiàn	밍피엔
□ 몇	几 jǐ	지
□ 모국	母国 mǔguó	무꾸어
□ 모기	蚊子 wénzi	원즈
□ 모델	模特儿 mótèr	모털
□ 모두	都 dōu	떠우
□ 모든	所有 suǒyǒu	쑤어여우

□ 모래	砂子 shāzi	사즈
□ 모레	后天 hòutiān	허우티엔
□ 모르다	不知 bùzhī	부즈
□ 모양	模样 múyàng	무양
□ 모조품	假货 jiǎhuò	지아후어
□ 모친	母亲 mǔqīn	무친
□ 모터	马达 mǎdá	마다
□ 모퉁이	拐弯儿 guǎiwār	과이왈
□ 모피	毛皮 máopí	마오피
□ 모험(하다)	冒险 màoxiǎn	마오시엔
□ 모형	模型 móxíng	모씽
□ 목걸이	项链 xiàngliàn	시앙리엔
□ 목공	木匠 mùjiàng	무지앙
□ 목구멍	喉咙 hóulóng	허우롱
□ 목도리	蒙头巾 méngtóujīn	멍터우진
□ 목련	木莲 mùlián	무리엔
□ 목록	目录 mùlù	무루
□ 목소리	声音 shēngyīn	성인
□ 목수	木工 mùgōng	무공
□ 목숨	生命 shēngmìng	성밍

□ 미워하다	恨 hèn	헌
□ 미인	美人 měirén	메이런
□ 미장원	美容院 měiróngyuàn	메이롱위엔
□ 미치다	疯 fēng	펑
□ 미터	米 mǐ	미
□ 미혼	未婚 wèihūn	웨이훈
□ 민박	民宿 mínsù	민쑤
□ 민요	民谣 mínyáo	민야오
□ 민족	民族 mínzǔ	민쭈
□ 밀가루	面粉 miànfěn	미엔펀
□ 밀감	蜜柑 mìgān	미간
□ 밀수(하다)	走私 zǒusī	저우쓰
□ 밀크	牛奶 niúnǎi	니우나이
□ 밀폐	密闭 mìbì	미비
□ 밀항(하다)	密航 mìháng	미항
□ 밉다	讨厌 tǎoyàn	타오이엔
□ 밍크	水貂 shuǐdiāo	쉐이띠아오
□ 밑바닥	底面 dǐmiàn	디미엔
□ 밑지다	亏本儿 kuīběnr	퀘이벌
□ 밑천	本 běn	번

바

□ 바겐세일	大减价 dàjiǎnjià	따지엔지아
□ 바구니	篮子 lánzi	란즈
□ 바깥	外头 wàitou	와이터우
□ 바꾸다	改 gǎi	가이
□ 바나나	香蕉 xiāngjiāo	시앙지아오
□ 바다	海 hǎi	하이
□ 바닷가	海边儿 hǎibiānr	하이비알
□ 바둑	围棋 wéiqí	웨이치
□ 바람	风 fēng	펑
□ 바보	笨蛋 bèndàn	뻔딴
□ 바쁘다	忙 máng	망
□ 바위	岩 yán	이엔
□ 바이어	买主 mǎizhǔ	마이주
□ 바이올린	小提琴 xiǎotíqín	시아오티친
□ 바지	裤子 kùzi	쿠즈
□ 바지락	黄蚬 huángxin	후앙씬
□ 바캉스	休假 xiūjià	시우지아
□ 바퀴	轮子 lúnzi	룬즈

박

□ 박람회	博览会 bólǎnhuì	보란훼이
□ 박물관	博物馆 bówùguǎn	보우관
□ 박사	博士 bóshì	보스
□ 박자	拍子 pāizi	파이즈
□ 밖	外 wài	와이
□ 반도	半岛 bàndǎo	빤다오
□ 반도체	半导体 bàndǎotǐ	빤다오티
□ 반드시	一定 yídìng	이띵
□ 반소매	短袖 duǎnxiù	뚜안시우
□ 반액	五扣 wǔkòu	우커우
□ 반지	班指儿 bānzhǐer	반즈얼
□ 반짝이다	闪烁 shnshuò	샨슈어
□ 반찬	菜 cài	차이
□ 반창고	绊创膏 bànchuānggāo	반추앙까오
□ 반품(하다)	回货 huíhuò	훼이후어
□ 발	脚 jiǎo	지아오
□ 발가락	脚趾 jiǎozhǐ	지아오즈
□ 발견	发现 fāxiàn	파시엔
□ 발신인	发信人 fāxìnrén	파씬런
□ 발전	发展 fāzhǎn	파잔

바

밝

밝다	亮 liàng	리앙
밤	栗子 lìzi	리즈
밤	夜 yè	에
밤낮	日夜 rìyè	르예
밤중	深夜 shēnyè	션예
밥	饭 fàn	판
밧줄	绳索 shéngsuǒ	성쑤어
방	屋子 wūzi	우즈
방문(하다)	访问 fǎngwèn	팡원
방부제	防腐济 fángfǔjì	팡푸지
방송국	电台 diàntái	띠엔타이
방식	方式 fāngshì	팡스
방해(하다)	阻碍 zǔ'ài	쭈아이
방향	方向 fāngxiàng	팡시앙
밭	田 tián	티엔
배	梨 lí	리
배	腹 fù	푸
배	船 chuán	추안
배경	背景 bèijǐng	뻬이징
배구	排球 páiqiú	파이치우

배

□ 배낭	背包 bēibāo	베이바오	
□ 배달	送 sòng	쏭	
□ 배드민턴	羽毛球 yúmáoqiú	위마오치우	
□ 배부르다	饱 bǎo	바오	
□ 배우	演员 yǎnyuán	이엔위엔	
□ 배우자	配偶 pèi'ǒu	페이어우	
□ 배웅(하다)	送行 sòngxíng	쏭씽	
□ 배추	白菜 báicài	바이차이	
□ 배터리	电池 diànchí	띠엔츠	바
□ 백미	白米 báimǐ	바이미	
□ 백발	白发 báifà	바이파	
□ 백분비	百分比 bǎifēnbǐ	바이펀비	
□ 백조	天鹅 tiān'é	티엔어	
□ 백합	百合 bǎihé	바이허	
□ 백화점	百货公司 bǎihuògōngsī	바이후어꽁쓰	
□ 밴드	带儿 dàir	딸	
□ 뱀	蛇 shé	셔	
□ 뱀장어	鳗鱼 mányú	만위	
□ 뱃멀미	海病 hǎibìng	하이빙	
□ 버섯	蘑菇 mógu	모구	

버

□ 버스	公共汽车	gōnggòngqìchē	꽁꽁치처
□ 버터	黄油	huángyóu	후앙여우
□ 버튼	按键	ànjiàn	안지엔
□ 번잡하다	繁多	fánduō	판뚜어
□ 번호	号码	hàomǎ	하오마
□ 번화가	大街	dàjiē	다지에
□ 벌	蜂	fēng	펑
□ 벌꿀	蜂蜜	fēngmì	펑미
□ 벌레	虫子	chóngzi	충즈
□ 범행	犯罪	fànzuì	판쮀이
□ 법	法	fǎ	파
□ 벗	友人	yǒurén	여우런
□ 벗다	脱	tuō	투어
□ 베개	枕头	zhěntou	전터우
□ 벤치	长椅	chángyǐ	창이
□ 벨트	带儿	dàir	딸
□ 벼	稻子	dàozi	따오즈
□ 벼락	雷	léi	레이
□ 벼랑	悬崖	xuányá	쉬엔야
□ 벼루	砚	yàn	이엔

288

벼룩	蚤 zǎo	자오
벽걸이	壁挂 bìguà	삐과
벽시계	钟 zhōng	종
변기	便桶 biàntǒng	비엔통
변두리	郊外 jiāowài	지아오와이
변상(하다)	赔偿 péicháng	페이창
변하다	变 biàn	삐엔
변호사	律师 lǜshī	뤼스
별명	别号儿 biéhàor	비에하올
별장	别庄 biézhuāng	비에주앙
병	病 bìng	삥
병	瓶 píng	핑
병마개	瓶塞儿 píngsāir	핑쌀
병문안	探病 tànbìng	탄빙
병원	医院 yīyuàn	이위엔
보관(하다)	保管 bǎoguǎn	바오관
보급(하다)	普及 pǔjí	푸지
보너스	奖金 jiǎngjīn	지앙진
보다	看 kàn	칸
보따리	包袱 bāofu	바오푸

보

□ 보리	大麦	dàmài	따마이
□ 보물	宝物	bǎowù	바오우
□ 보상(하다)	补尝	bǔcháng	부창
□ 보석	宝石	bǎoshí	바오스
□ 보온병	暖水瓶	nuǎnshuǐpíng	누안쉐이핑
□ 보자기	包袱	bāofu	바오푸
□ 보증(하다)	保证	bǎozhèng	바오정
□ 보충(하다)	补充	bǔchōng	부충
□ 보트	艇	tǐng	팅
□ 보험	保险	bǎoxiǎn	바오시엔
□ 보호(하다)	保护	bǎohù	바오후
□ 복사하다	复印	fùyìn	푸인
□ 복숭아	桃	táo	타오
□ 복어	河豚	hétún	허툰
□ 복용(하다)	服	fú	푸
□ 복잡하다	复杂	fùzá	푸짜
□ 복장	服装	fúzhuāng	푸주앙
□ 복통	腹痛	fùtòng	푸퉁
□ 본뜨다	仿照	fǎngzhào	팡자오
□ 본인	本人	běnrén	번런

290

본전	本钱 běnqián	번치엔
본점	总号 zǒnghào	쭝하오
볼링	保龄球 bǎolíngqiú	바오링치우
볼펜	圆珠笔 yuánzhūbǐ	위엔주비
봄	春天 chūntiān	춘티엔
봉지	包 bāo	바오
봉투	封套儿 fēngtàor	펑타올
뵙다	拜会 bàihuì	빠이훼이
부근	附近 fùjìn	푸진
부동산	不动产 bùdòngchǎn	부동찬
부두	埠头 bùtóu	뿌터우
부르다	叫 jiào	지아오
부모	父母 fùmǔ	푸무
부부	夫妇 fūfù	푸푸
부분	部分 bùfen	뿐펀
부속품	零件 língjiàn	링지엔
부수다	打碎 dǎsuì	따쉐이
부인	妇人 fùrén	푸런
부자	富人 fùrén	푸런
부작용	副作用 fùzuòyòng	푸쭈어용

부

□ 부족하다	不足 bùzú	뿌주
□ 부주의하다	粗心 cūxīn	추씬
□ 부채	扇子 shànzi	샨즈
□ 부탁하다	托 tuō	투어
□ 부품	部件 bùjiàn	뿌지엔
□ 부피	体积 tǐjī	티지
□ 북(쪽)	北 běi	베이
□ 북	鼓 gǔ	구
□ 북방	北方 běifāng	베이팡
□ 북부	北部 běibù	베이뿌
□ 북쪽	北 běi	베이
□ 분유	奶粉 nǎifěn	나이펀
□ 불	火 huǒ	후어
□ 불다	吹 chuī	췌이
□ 불량품	次品 cìpǐn	츠핀
□ 불리하다	不利 búlì	부리
□ 불안하다	不安 bù'ān	뿌안
□ 불쾌	不愉快 bùyúkuài	부위콰이
□ 불편하다	难受 nánshòu	난셔우
□ 불행하다	不幸 búxìng	뿌씽

붉

한국어	중국어	발음
붉다	红 hóng	홍
붐비다	拥挤 yōngjǐ	용지
붓	毛笔 máobǐ	마오비
붕대	绷带 bēngdài	벙따이
붕어	鲫鱼 jìyú	지위
브래지어	胸罩 xiōngzhào	시옹자오
브러시	刷 shuā	수아
브레이크	制动器 zhìdòngqì	즈동치
브로커	经纪人 jīngjìrén	징지런
블라우스	女衬衣 nǚchènyī	뉘천이
블라인드	百叶窗 bǎiyèchuāng	바이예추앙
비	雨 yǔ	위
비교(하다)	比较 bǐjiào	비지아오
비누	肥皂 féizào	페이자오
비늘	鳞 lín	린
비닐	塑料 sùliào	쑤리아오
비단	绸子 chóuzi	처우즈
비둘기	鸽子 gēzi	거즈
비디오	录像 lùxiàng	루시앙
비린내	腥气 xīngqì	씽치

바

비

□ 비만	肥胖 féipàng	페이팡
□ 비밀	秘密 mìmì	미미
□ 비법	非法 fēifǎ	페이파
□ 비상구	太平门 tàipíngmén	타이핑먼
□ 비석	碑 bēi	베이
□ 비스킷	饼干 bǐnggān	빙간
□ 비슷하다	相似 xiāngsì	시앙쓰
□ 비싸다	贵 guì	꿰이
□ 비옷	雨衣 yǔyī	위이
□ 비용	费用 fèiyòng	페이용
□ 비율	率 lǜ	뤼
□ 비자	签证 qiānzhèng	치엔쩡
□ 비좁다	拥挤 yōngjǐ	용지
□ 비즈니스	事务 shìwù	스우
□ 비키니	比基尼 bǐjīní	비지니
□ 비타민	维生素 wéishēngsù	웨이셩쑤
□ 비행기	飞机 fēijī	페이지
□ 비행장	机场 jīchǎng	지창
□ 빈방	空房 kòngfáng	콩팡
□ 빈부	贫富 pínfù	핀푸

□ 빌딩	大厦 dàshà	따샤
□ 빌리다	借 jiè	지에
□ 빗	梳子 shūzi	수즈
□ 빗자루	帚 zhǒu	저우
□ 빚	债 zhài	자이
□ 빛	光 guāng	광
□ 빠르다	快 kuài	콰이
□ 빨강	红色 hóngsè	홍써
□ 빨갛다	红 hóng	홍
□ 빵	面包 miànbāo	미엔바오
□ 뺨	面颊 miànjiá	미엔지아
□ 뼈	骨 gǔ	구
□ 뿌리	根 gēn	건
□ 뿔	角 jiǎo	지아오

사

□ 사각	四角 sìjiǎo	쓰지아오
□ 사거리	十字路口 shízìlùkǒu	스즈루커우
□ 사계절	四季 sìjì	쓰지
□ 사고	事故 shìgù	스꾸
□ 사과	苹果 píngguǒ	핑구어
□ 사과하다	道歉 dàoqiàn	따오치엔
□ 사교	社交 shèjiāo	셔지아오
□ 사귀다	交 jiāo	지아오
□ 사기꾼	老千 lǎoqiān	라오치엔
□ 사다	买 mǎi	마이
□ 사랑(하다)	爱 ài	아이
□ 사물	事物 shìwù	스우
□ 사방	四方 sìfāng	쓰팡
□ 사법	司法 sīfǎ	스파
□ 사슴	鹿 lù	루
□ 사업	事业 shìyè	스예
□ 사용자	用户 yòngshuǐ	용쉐이
□ 사용처	用处 yòngchù	용추

한국어	중국어	발음
사용(하다)	使用 shǐyòng	스용
사우나	芬兰浴 fēnlányù	펀란위
사원	寺 sì	쓰
사위	女婿 nǚxù	뉘쉬
사이	间隔 jiāngē	지엔거
사이다	汽水 qìshuǐ	치쉐이
사이렌	报警 bàojǐng	바오징
사이즈	尺寸 chǐcùn	츠춘
사인	暗号儿 ànhàor	안하올
사자	狮子 shīzi	스즈
사진	照片 zhàopiàn	자오피엔
사탕수수	甘蔗 gānzhè	간저
사파이어	青玉 qīngyù	칭위
산	山 shān	샨
산장	山庄 shānzhuāng	샨주앙
살	肉 ròu	러우
살갗	皮 pí	피
삼	麻 má	마
삼각	三角 sānjiǎo	싼지아오
삼촌	叔叔 shūshu	수수

삼

한국어	중국어	발음
삼키다	吞 tūn	툰
상가	商街 shāngjiē	샹지에
상류	上游 shàngyóu	샹여우
상술	上述 shàngshù	샹쑤
상인	商人 shāngrén	샹런
상자	箱子 xiāngzi	시앙즈
상점	商店 shāngdiàn	샹띠엔
상쾌(하다)	爽快 shuǎngkuài	수앙콰이
상태	状态 zhuàngtài	주앙타이
상품	商品 shāngpǐn	샹핀
상하	上下 shàngxià	샹시아
새	鸟 niǎo	냐오
새벽	晓 xiǎo	시아오
새우	虾 xiā	시아
새치기	插队 chāduì	차뚜에이
새해	新年 xīnnián	씬니엔
색깔	颜色 yǎnsè	이엔써
색상	色相 sèxiàng	써시앙
색안경	墨镜 mòjìng	모징
색종이	彩纸 cǎizhǐ	차이즈

298

□ 색채	色彩	sècǎi	써차이
□ 샌드위치	三明治	sānmíngzhì	싼밍즈
□ 샌들	凉鞋	liángxié	리앙시에
□ 샐러드	沙拉子	shālāzi	사라즈
□ 샐러리	芹菜	qíncài	친차이
□ 샘플	样品	yàngpǐn	양핀
□ 생각하다	想	xiǎng	시앙
□ 생강	生姜	shēngjiāng	셩지앙
□ 생산	生产	shēngchǎn	셩찬
□ 생선	鲜鱼	xiānyú	시엔위
□ 생선회	生鱼片儿	shēngyúpiànr	셩위피알
□ 생일	生日	shēngrì	셩르
□ 샴페인	香宾酒	xiāngbīnjiǔ	시앙빈지우
□ 서다	停	tíng	팅
□ 서랍	抽屉	chōutì	처우티
□ 서류	文件	wénjiàn	원지엔
□ 서리	霜	shuāng	수앙
□ 서부	西部	xībù	시뿌
□ 서북	西北	xīběi	시베이
□ 서비스	服务	fúwù	푸우

□ 서양	西洋	Xīyáng	시양
□ 서양음식	西餐	xīcān	시찬
□ 서예	书法	shūfǎ	수파
□ 서점	书店	shūdiàn	수띠엔
□ 서쪽	西面	xīmiàn	시미엔
□ 서커스	马戏	mǎxì	마시
□ 석유	石油	shíyóu	스여우
□ 석탄	煤	méi	메이
□ 선글라스	墨镜	mòjìng	모징
□ 선금	预付钱	yùfùqián	위푸치엔
□ 선물	礼品	lǐpǐn	리핀
□ 선박	船舶	chuánbó	추안보
□ 선택	选择	xuǎnzé	쉬엔저
□ 선풍기	电扇	diànshàn	띠엔샨
□ 설(춘절)	春节	chūnjié	춘지에
□ 설계	设计	shèjì	셔지
□ 설득하다	劝说	quànshuō	취엔슈어
□ 설립(하다)	设立	shèlì	셔리
□ 설명	说明	shuōmíng	슈어밍
□ 설비	设施	shèshī	셔스

설

□ 설탕	糖 táng	탕
□ 섬	岛 dǎo	다오
□ 섬세하다	精细 jīngxì	징시
□ 섬유	纤维 xiānwéi	시엔웨이
□ 섭씨	摄氏 shèshì	셔스
□ 성	城 chéng	청
□ 성과	成效 chéngxiào	청시아오
□ 성명	姓名 xìngmíng	씽밍
□ 성묘	拜扫 bàisǎo	바이싸오
□ 성별	性别 xìngbié	씽비에
□ 성수기	旺季 wàngjì	왕지
□ 성씨	姓 xìng	씽
□ 세계	世界 shìjiè	스지에
□ 세관	海关 hǎiguān	하이관
□ 세균	细菌 xìjūn	씨쥔
□ 세금	税 shuì	쉐이
□ 세기	世纪 shìjì	스지
□ 세다	数 shǔ	수
□ 세대	世代 shìdài	스따이
□ 세련	洗练 xǐliàn	시리엔

세

□ 세로	纵 zòng	쭝
□ 세모	三角 sānjiǎo	싼지아오
□ 세상	世上 shìshàng	스상
□ 세숫비누	香皂 xiāngzào	시앙짜오
□ 세제	洗涤剂 xǐdíjì	시디지
□ 세차	洗车 xǐchē	시처
□ 세탁기	洗衣机 xǐyījī	시이지
□ 세트	组 zǔ	쭈
□ 센티미터	公分 gōngfēn	꿍펀
□ 셀프	自我服务 zìwǒfúwù	쯔워푸우
□ 셋집	租房 zūfáng	쭈팡
□ 셔츠	衬衫 chènshān	천샨
□ 셔터	快门 kuàimén	콰이먼
□ 소	牛 niú	니우
□ 소개	介绍 jièshào	지에샤오
□ 소금	盐 yán	이엔
□ 소녀	少女 shàonǚ	샤오뉘
□ 소년	少年 shàonián	샤오니엔
□ 소라	海螺 hǎiluó	하이루어
□ 소량	少量 shǎoliàng	샤오리앙

302

□ 소리	声音 shēngyīn	성인
□ 소매치기	扒手 páshǒu	파셔우
□ 소매(하다)	零售 língshòu	링셔우
□ 소모품	消耗品 xiāohàopǐn	시아오하오핀
□ 소문	传言 chuányán	추안이엔
□ 소박하다	朴素 pǔsù	푸쑤
□ 소변	小便 xiǎobiàn	시아오삐엔
□ 소비(하다)	消耗 xiāohào	시아오하오
□ 소스	沙司 shāsī	샤쓰
□ 소시지	香肠 xiāngcháng	시앙창
□ 소지품	携带品 xiédàipǐn	시에따이핀
□ 소파	沙发 shāfā	샤파
□ 소포	小包儿 xiǎobāor	시아오바올
□ 소프트웨어	软件 ruǎnjiàn	루안지엔
□ 소형	小型 xiǎoxíng	시아오씽
□ 속	中 zhōng	중
□ 속도	速度 sùdù	쑤뚜
□ 속셈	用意 yòngyì	용이
□ 속옷	内衣 nèiyī	네이이
□ 속이다	伪诈 wěizhà	웨이자

속

□ 속임수	把戏 bǎxì	바시
□ 속치마	衬裙 chènqún	천췬
□ 손	手 shǒu	셔우
□ 손가락	手指 shǒuzhǐ	셔우즈
□ 손녀	孙女 sūnnǚ	쑨뉘
□ 손님	客人 kèrén	커런
□ 손목시계	手表 shǒubiǎo	셔우비아오
□ 손바닥	掌 zhǎng	장
□ 손수건	手绢 shǒujuàn	셔우쥐엔
□ 손자	孙子 sūnzi	쑨즈
□ 솜씨	手艺 shǒuyì	셔우이
□ 송금(하다)	汇款 huìkuǎn	훼이콴
□ 쇠고기	牛肉 niúròu	니우러우
□ 쇼핑	买东西 mǎidōngxi	마이동시
□ 수건	手巾 shǒujīn	셔우진
□ 수공	手工 shǒugōng	셔우공
□ 수량	数量 shùliàng	수리앙
□ 수리(하다)	修理 xiūlǐ	시우리
□ 수박	西瓜 xīguā	시과
□ 수산물	水产 shuǐchǎn	쉐이찬

☐ 수선	修缮 xiūshàn	시우샨
☐ 수수료	费 fèi	페이
☐ 수수하다	无华 wúhuá	우화
☐ 수술	手术 shǒushù	셔우수
☐ 수신인	收信人 shōuxìnrén	셔우씬런
☐ 수영복	泳服 yǒngfú	용푸
☐ 수영장	游泳池 yóuyǒngchí	여우용츠
☐ 수예	手艺 shǒuyì	셔우이
☐ 수요	需求 xūqiú	쉬치우
☐ 수요일	星期三 xīngqīsān	씽치싼
☐ 수익	收益 shōuyì	셔우이
☐ 수입	收入 shōurù	셔우루
☐ 수입(하다)	输入 shūrù	수루
☐ 수족관	水族馆 shuǐzúguǎn	쉐이주관
☐ 수준	水平 shuǐpíng	쉐이핑
☐ 수지맞다	合算 hésuàn	허쑤안
☐ 수직	垂直 chuízhí	췌이즈
☐ 수집(하다)	收集 shōují	셔우지
☐ 수첩	字本儿 zìběnr	즈뻘
☐ 수축(하다)	收缩 shōusuō	셔우쑤어

수

한국어	중국어	병음	발음
수출(하다)	输出	shūchū	수추
수취인	收件人	shōujiànrén	서우지엔런
수표	支票	zhīpiào	즈피아오
수프	羹汤	gēngtāng	겅탕
숟가락	勺子	sháozi	사오즈
술	酒	jiǔ	지우
술잔	酒杯	jiǔbēi	지우베이
술집	酒店	jiǔdiàn	지우띠엔
숫자	数字	shùzi	수즈
숯	炭	tàn	탄
숲	树丛	shùcóng	수총
쉬다	休息	xiūxi	시우시
쉽다	容易	róngyì	롱이
슈퍼마켓	超市	chāoshì	차오스
스낵	快餐	kuàicān	콰이찬
스웨터	毛衣	máoyī	마오이
스위치	开关	kāiguān	카이관
스카프	围巾	wéijīn	웨이진
스커트	裙子	qúnzi	췬즈
스케이트	冰鞋	bīngxié	빙시에

□ 스케줄	日程 rìchéng	르청
□ 스키타다	滑雪 huáxuě	화쉬에
□ 스타	星 xīng	씽
□ 스타일	样式 yàngshì	양스
□ 스타킹	女袜 nǚwà	뉘와
□ 스탠드	看台 kàntái	칸타이
□ 스탬프	戳儿 chuōr	추얼
□ 스텝	脚步 jiǎobù	지아오부
□ 스토브	炉 lú	루
□ 스톱	停止 tíngzhǐ	팅즈
□ 스튜어디스	空姐 kōngjiě	콩지에
□ 스팀	蒸气 zhēngqì	정치
□ 스포츠	运动 yùndòng	윈동
□ 스푼	匙 chí	츠
□ 스프레이	喷雾器 pēnwùqì	펀우치
□ 스프링	弹簧 tánhuáng	탄후앙
□ 슬리퍼	拖鞋 tuōxié	투어시에
□ 슬프다	悲哀 bēi'āi	베이아이
□ 습관	习惯 xíguàn	시꽌
□ 습기(차다)	潮湿 cháoshī	차오스

습

□ 습도	湿度 shīdù	스뚜
□ 승강기	提升机 tíshēngjī	티셩지
□ 승객	乘客 chéngkè	청커
□ 승용차	轿车 jiàochē	지아오처
□ 승차	坐车 zuòchē	쭈어처
□ 시간	时间 shíjiān	스지엔
□ 시계	钟表 zhōngbiǎo	중비아오
□ 시골	乡下 xiāngxia	시앙시아
□ 시금치	菠菜 bōcài	보차이
□ 시기	时期 shíqī	스치
□ 시끄럽다	吵 chǎo	차오
□ 시내	市内 shìnèi	스네이
□ 시다	酸 suān	쑤안
□ 시속	时速 shísù	스쑤
□ 시장	市场 shìchǎng	스창
□ 시트	床单 chuángdān	추앙딴
□ 식기	餐具 cānjù	찬쥐
□ 식다	凉 liáng	리앙
□ 식당	餐厅 cāntīng	찬팅
□ 식료품	食料品 shíliàopǐn	스리아오핀

□ 식물	植物 zhíwù	즈우
□ 식욕	食欲 shíyù	스위
□ 식중독	食物中毒 shíwùzhòngdú	스우중뚜
□ 식초	醋 cù	추
□ 식탁	餐台 cāntái	찬타이
□ 식품	食品 shípǐn	스핀
□ 신문	报 bào	빠오
□ 신발	鞋 xié	시에
□ 신용	信用 xìnyòng	씬융
□ 신품	新品 xīnpǐn	씬핀
□ 신형	新型 xīnxíng	씬씽
□ 신호	信号 xìnhào	씬하오
□ 신혼	新婚 xīnhūn	씬훈
□ 실	线 xiàn	시엔
□ 실내	室内 shìnèi	스네이
□ 실례	失礼 shīlǐ	스리
□ 싫다	讨厌 tǎoyàn	타오이엔
□ 심사(하다)	审查 shěnchá	션차
□ 심야	深夜 shēnyè	션예
□ 심장	心脏 xīnzàng	씬짱

심

□ 심정	心情	xīnqíng	씬칭
□ 심중	心中	xīnzhōng	씬중
□ 심지어	甚而	shèn'er	션얼
□ 심취하다	心醉	xīnzuì	신쮀이
□ 심판(하다)	审判	shěnpàn	션판
□ 심하다	沉重	chénzhòng	천중
□ 심해지다	加剧	jiājù	지아쥐
□ 심혈	心血	xīnxuè	씬쉬에
□ 심호흡	深呼吸	shēnhūxī	션후시
□ 심화하다	深化	shēnhuà	션화
□ 십 10	十	shí	스
□ 십자가	十字架	shízìjià	스쯔지아
□ 싱겁다	淡	dàn	딴
□ 싸다	便宜	piányi	피엔이
□ 싸다(포장)	包	bāo	바오
□ 싸매다	窜	cuàn	추안
□ 싸우다	战	zhàn	잔
□ 싸움터	战场	zhànchǎng	잔창
□ 싸움하다	打架	dǎjià	다지아
□ 싹(식물)	芽	yá	야

□ 쌀	米 mǐ	미
□ 쌍	对 duì	뚜에이
□ 쌍방	双方 shuāngfāng	수앙팡
□ 쑥	艾 ài	아이
□ 쓰다	苦 kǔ	쿠
□ 쓰다(사용하다)	用 yòng	용
□ 쓰다(글씨)	写 xiě	시에
□ 쓰레기통	垃圾桶 lājītǒng	라지통
□ 쓸개	胆 dǎn	단
□ 쓸모없다	没用 méiyòng	메이용
□ 씨앗	籽儿 zǐer	즈얼
□ 씻다	洗 xǐ	시

아

□ 아가씨	小姐	xiǎojiě	시아오지에
□ 아기	娃娃	wáwa	와와
□ 아깝다	作惜	zuòxī	쭈어시
□ 아끼다	爱惜	àixī	아이시
□ 아내	妻子	qīzi	치즈
□ 아들	小子	xiǎozi	시아오즈
□ 아래	底	dǐ	디
□ 아래쪽	下面	xiàmian	시아미엔
□ 아름답다	美丽	měilì	메이리
□ 아마추어	业余	yèyú	예위
□ 아버지	父亲	fùqīn	푸친
□ 아빠	爸爸	bàba	빠바
□ 아시아	亚洲	Yàzhōu	야저우
□ 아이	孩子	háizi	하이즈
□ 아이디어	思路	sīlù	쓰루
□ 아이스크림	冰淇淋	bīngqīlíng	빙치링
□ 아저씨	伯伯	bóbo	보보
□ 아주머니	大嫂	dàsǎo	따싸오

□ 아침	早上 zǎoshang	자오샹
□ 아파트	公寓 gōngyù	공위
□ 아프다	痛 tòng	통
□ 악기	乐器 yuèqì	위에치
□ 악어	鳄鱼 èyú	어위
□ 악취	恶臭 èchòu	어처우
□ 안감	衬布 chènbù	천부
□ 안개	雾 wù	우
□ 안경	眼镜 yǎnjìng	이엔징
□ 안내(하다)	引导 yǐndǎo	인다오
□ 안마	按摩 ànmó	안모
□ 안전하다	安全 ānquán	안취엔
□ 안쪽	里面 lǐmiàn	리미엔
□ 안테나	天线 tiānxiàn	티엔시엔
□ 안팎	内外 nèiwài	네이와이
□ 앉다	坐 zuò	쭈어
□ 알	卵 luǎn	루안
□ 알레르기	变应性 biànyìngxìng	비엔잉씽
□ 알맞다	恰当 qiàdàng	치아땅
□ 알맹이	核心 héxīn	허씬

알

□ 알몸	裸体	luǒtǐ	루어티
□ 알선	斡旋	wòxuán	워쉬엔
□ 알아듣다	听懂	tīngdǒng	팅동
□ 알아보다	打听	dǎtīng	다팅
□ 알칼리	碱	jiǎn	지엔
□ 알코올	酒精	jiǔjīng	지우징
□ 암거래하다	走私	zǒusī	저우쓰
□ 앞	前	qián	치엔
□ 앞니	门齿	ménchǐ	먼츠
□ 앞쪽	前方	qiánfāng	치엔팡
□ 애교	媚态	mèitài	메이타이
□ 애먹다	棘手	jíshǒu	지셔우
□ 애쓰다	费力	fèilì	페이리
□ 애완	爱玩	àiwán	아이완
□ 애인	爱人	àirén	아이런
□ 액세서리	佩带儿	pèidàir	페이딸
□ 액수	数额	shù'é	수어
□ 액자	额	é	어
□ 액체	液体	yètǐ	예티
□ 앨범	相册	xiàngcè	시앙처

314

야

□ 야간	夜间	yèjiān	예지엔
□ 야근	夜班	yèbān	예반
□ 야채	青菜	qīngcài	칭차이
□ 약	药	yào	야오
□ 약국	药店	yàodiàn	야오띠엔
□ 약도	略图	lüètú	뤼에투
□ 약물	药物	yàowù	야오우
□ 약속	约会	yuēhuì	위에훼이
□ 약재	药材	yàocái	야오차이
□ 약점	弱点	ruòdiǎn	루어디엔
□ 약품	药品	yàopǐn	야오핀
□ 약하다	弱	ruò	루어
□ 약혼자	订婚者	dìnghūnzhě	띵훈저
□ 약혼(하다)	订婚	dìnghūn	띵훈
□ 얇다	薄	báo	바오
□ 얌전하다	文雅	wényǎ	원야
□ 양	羊	yáng	양
□ 양념	味料	wèiliào	웨이리아오
□ 양말	袜子	wàzi	와즈
□ 양배추	圆白菜	yuánbáicài	위엔빠이차이

양

□ 양보(하다)	让步 ràngbù	랑뿌
□ 양복	西服 xīfú	시푸
□ 양산	洋伞 yángsǎn	양싼
□ 양쪽	两旁 liǎngpang	리앙팡
□ 양초	蜡烛 làzhú	라주
□ 양파	洋葱 yángcōng	양총
□ 얕다	浅 qiǎn	치엔
□ 어깨	肩 jiān	지엔
□ 어둡다	黑 hēi	헤이
□ 어디	哪里 nǎli	나리
□ 어른	大人 dàren	따런
□ 어리다	幼 yòu	여우
□ 어린아이	小孩儿 xiǎoháir	시아오할
□ 어머니	母亲 mǔqīn	무친
□ 어묵	鱼糕 yúgāo	위까오
□ 어부	渔夫 yúfū	위푸
□ 어선	渔船 yúchuán	위추안
□ 어제	昨天 zuótiān	주어티엔
□ 어젯밤	昨夜 zuóyè	주어예
□ 억	亿 yì	이

억

한국어	중국어	발음
억만	亿万 yìwàn	이완
언덕	丘 qiū	치우
언제	何时 héshí	허스
언제나	总是 zǒngshì	중스
얹다	放 fàng	팡
얻다	得到 dédào	더따오
얼굴	脸 liǎn	리엔
얼다	冻 dòng	똥
얼룩	斑 bān	반
얼마	多少 duōshǎo	뚜어샤오
얼마나	多么 duōme	뚜어머
얼마든지	只管 zhǐguǎn	즈관
얼음	冰 bīng	빙
엄마	妈妈 māma	마마
없다	没有 méiyǒu	메이어우
엉덩이	屁股 pìgu	피구
에스컬레이터	升降梯 shēngjiàngtī	성지앙티
에어컨	空调 kōngtiáo	콩티아오
엔지니어	工程师 gōngchéngshī	공청스
엔진	发动机 fādòngjī	파똥지

아

엘

□ 엘리베이터	电梯	diàntī	띠엔티
□ 여가	余暇	yúxiá	위시아
□ 여객	旅客	lǚkè	뤼커
□ 여객열차	客车	kèchē	커처
□ 여관	旅馆	lǚguǎn	뤼관
□ 여권	护照	hùzhào	후자오
□ 여기	这里	zhèlǐ	저리
□ 여동생	妹妹	mèimei	메이메이
□ 여름	夏天	xiàtiān	시아티엔
□ 여배우	女角	nǚjué	뉘쥐에
□ 여성	女性	nǚxìng	뉘씽
□ 여자	女子	nǚzi	뉘즈
□ 여행자	游客	yóukè	여우커
□ 여행(하다)	旅行	lǚxíng	뤼씽
□ 역	站	zhàn	잔
□ 역무원	站务员	zhànwùyuán	잔우위엔
□ 역사	历史	lìshǐ	리스
□ 역전	车站	chēzhàn	처잔
□ 연극	话剧	huàjù	화쥐
□ 연기(하다)	延期	yánqī	이엔치

☐ 연대	年代	niándài	니엔따이
☐ 연도	年度	niándù	니엔뚜
☐ 연료	燃料	ránliào	란리아오
☐ 연말	年末	niánmò	니엔모
☐ 연못	池	chí	츠
☐ 연애	恋爱	liàn'ài	리엔아이
☐ 연주(하다)	演奏	yǎnzòu	이엔쩌우
☐ 연필	铅笔	qiānbǐ	치엔비
☐ 열매	果	guǒ	구어
☐ 열쇠	钥匙	yàoshi	야오스
☐ 열차	列车	lièchē	리에처
☐ 엷다	薄	báo	바오
☐ 염가	廉价	liánjià	리엔지아
☐ 염료	染料	rǎnliào	란리아오
☐ 염색(하다)	染色	rǎnsè	란써
☐ 엽서	明信片	míngxìnpiàn	밍씬피엔
☐ 영사(관)	领事	lǐngshì	링스
☐ 영수증	发票	fāpiào	파피아오
☐ 영어	英语	yīngyǔ	잉위
☐ 영업(하다)	营业	yíngyè	잉예

영

□ 영토	领土	lǐngtǔ	링투
□ 영하	零下	língxià	링시아
□ 영향	影响	yǐngxiǎng	잉시앙
□ 영혼	灵魂	línghún	링훈
□ 영화	电影	diànyǐng	띠엔잉
□ 영화관	电影院	diànyǐngyuàn	띠엔잉위엔
□ 옆	旁	páng	팡
□ 예매(하다)	预售	yùshòu	위셔우
□ 예술	艺术	yìshù	이수
□ 예약(하다)	预订	yùdìng	위딩
□ 오늘	今天	jīntiān	진티엔
□ 오늘날	如今	rújīn	루진
□ 오다	来	lǎi	라이
□ 오디오	听觉的	tīngjuéde	팅쥐에더
□ 오락	娱乐	yúlè	위러
□ 오렌지	橙子	chéngzi	청즈
□ 오르다(가격)	涨	zhǎng	장
□ 오른손	右手	yòushǒu	여우셔우
□ 오른쪽	右边	yòubiān	여우삐엔
□ 오리	鸭子	yāzi	야즈

오

□ 오리지널	原 yuán	위엔
□ 오빠	哥哥 gēge	꺼거
□ 오이	黄瓜 huángguā	후앙과
□ 오전	上午 shàngwǔ	상우
□ 옥	玉 yù	위
□ 옥수수	玉米 yùmǐ	위미
□ 온도	温度 wēndù	원뚜
□ 올해	今年 jīnnián	진니엔
□ 옷	衣服 yīfu	이푸
□ 옷감	衣料儿 yīliàor	이리아올
□ 옷차림	衣着 yīzhuó	위주어
□ 옻칠	黑漆 hēiqī	헤이치
□ 와인	葡萄酒 pútáojiǔ	푸타오지우
□ 완구	玩具 wánjù	완쥐
□ 완두콩	豌豆 wāndòu	완떠우
□ 완제품	成品 chéngpǐn	청핀
□ 완행	缓行 huǎnxíng	환씽
□ 왕	王 wáng	왕
□ 왜	为什么 wèishénme	웨이션머
□ 외과	外科 wàikē	와이커

아

외

□ 외교	外交	wàijiāo	와이지아오
□ 외국	外国	wàiguó	와이구어
□ 외국어	外语	wàiyǔ	와이위
□ 외모	仪表	yíbiǎo	이비아오
□ 외투	大衣	dàyī	따이
□ 왼손	左手	zuǒshǒu	쭈어서우
□ 왼쪽	左边	zuǒbian	쭈어비엔
□ 요금	费	fèi	페이
□ 요리	菜	cài	차이
□ 요리사	厨师	chúshī	추스
□ 요일	星期	xīngqī	씽치
□ 요트	快艇	kuàitǐng	콰이팅
□ 용	龙	lóng	롱
□ 용구	用具	yòngjù	용쥐
□ 용기	容器	róngqì	롱치
□ 용도	用途	yòngtú	용투
□ 용량	容量	róngliàng	롱리앙
□ 용모	品貌	pǐnmào	핀마오
□ 용법	用法	yòngfǎ	용파
□ 용품	用品	yòngpǐn	용핀

우

한국어	중국어	발음
□ 우산	雨伞 yǔsǎn	위싼
□ 우송(하다)	邮寄 yóujì	여우지
□ 우유	牛奶 niúnǎi	니우나이
□ 우체국	邮局 yóujú	여우쥐
□ 우편	邮件 yóujiàn	여우지엔
□ 우편소포	邮包 yóubāo	여우바오
□ 우표	邮票 yōupiào	여우피아오
□ 운동	运动 yùndòng	윈똥
□ 운반(하다)	搬运 bānyùn	반윈
□ 운송(하다)	运送 yùnsòng	윈쏭
□ 운임	运费 yùnfèi	윈페이
□ 운전(하다)	开 kāi	카이
□ 운항(하다)	行驶 xíngshǐ	씽스
□ 운행(하다)	运行 yùnxíng	윈씽
□ 원료	原料 yuánliào	위엔리아오
□ 원인	原因 yuányīn	위엔인
□ 원자재	原材料 yuáncáiliào	위엔차이리아오
□ 원칙	原则 yuánzé	위엔저
□ 원형	圆形 yuánxíng	위엔씽
□ 월요일	星期一 xīngqīyī	씽치이

웨

□ 웨이터	服务员 fúwùyuán	푸우위엔
□ 위생	卫生 wèishēng	웨이셩
□ 위스키	威士忌(酒) wēishìjì(jiǔ)	웨이스지(지우)
□ 위쪽	上 shàng	샹
□ 위치	位置 wèizhi	웨이즈
□ 유람객	游客 yóukè	여우커
□ 유람선	游船 yóuchuán	여우추안
□ 유래	由来 yóulái	여우라이
□ 유료	收费 shōufèi	셔우페이
□ 유리하다	有利 yǒulì	여우리
□ 유명하다	有名 yǒumíng	여우밍
□ 유적지	遗址 yízhǐ	이즈
□ 유쾌하다	愉快 yúkuài	위콰이
□ 유학	留学 liúxué	리우쉬에
□ 유학생	留学生 liúxuéshēng	리우쉬에셩
□ 유행(하다)	流行 liúxíng	리우씽
□ 육지	陆地 lùdì	루띠
□ 융자	融资 róngzī	롱즈
□ 융통(하다)	融通 róngtōng	롱통
□ 은행	银行 yínháng	인항

□ 은혜	恩惠 ēnhuì	언훼이
□ 음료	饮料 yǐnliào	인리아오
□ 음식	饮食 yǐnshí	인스
□ 음식물	食物 shíwù	스우
□ 음식점	饭馆 fànguǎn	판관
□ 음악	音乐 yīnyuè	인위에
□ 응급실	急救室 jíjiùshì	지지우스
□ 응접실	客厅 kètīng	커팅
□ 의무실	医务室 yīwùshì	이우스
□ 의복	衣服 yīfu	이푸
□ 의사	大夫 dàifu	따이푸
□ 의심하다	怀疑 huáiyí	화이이
□ 의약	医药 yīyào	이야오
□ 의자	椅子 yǐzi	이즈
□ 이것	这个 zhège	저거
□ 이름	名字 míngzi	밍즈
□ 이마	额 é	어
□ 이발	理发 lǐfà	리파
□ 이발관	发廊 fàláng	파랑
□ 이별(하다)	离别 líbié	리비에

이

□ 이불	被子 bèizi	뻬이즈
□ 이빨	牙齿 yáchǐ	야츠
□ 이쑤시개	牙签 yáqiān	이치엔
□ 이쪽	这边 zhèbiān	저비엔
□ 이혼(하다)	离婚 líhūn	리훈
□ 이후	以后 yǐhòu	이허우
□ 인공	人工 réngōng	런공
□ 인구	人口 rénkǒu	런커우
□ 인물	人物 rénwù	런우
□ 인삼	人参 rénshēn	런션
□ 인스턴트	快餐食品 kuàicānshípǐn	콰이찬스핀
□ 인터넷	网 wǎng	왕
□ 인하	低减 dījiǎn	디지엔
□ 일용품	日用品 rìyòngpǐn	르용핀
□ 일체	一切 yíqiè	이치에
□ 일행	一行 yìháng	이항
□ 읽다	读 dú	두
□ 잃다	失 shī	스
□ 임시	临时 línshí	린스
□ 입	嘴 zuǐ	줴이

☐ 입구	入口	rùkǒu	루커우
☐ 입국	入境	rùjìng	루징
☐ 입금	进钱	jìnqián	진치엔
☐ 입항	入港	rùgǎng	루강
☐ 있다	有	yǒu	여우
☐ 잉어	鲤	lǐ	리
☐ 잊다	忘记	wàngjì	왕지

자

□ 자	尺 chǐ	츠
□ 자격	资格 zīgé	즈거
□ 자금	资金 zījīn	즈진
□ 자기	自己 zìjǐ	쯔지
□ 자다	睡觉 shuìjiào	쉐이지아오
□ 자동	自动 zìdòng	쯔똥
□ 자동차	汽车 qìchē	치처
□ 자두	李子 lǐzi	리즈
□ 자라	鳖 biē	비에
□ 자루	袋 dài	따이
□ 자르다	切 qiē	치에
□ 자리	座儿 zuòr	쭈얼
□ 자매	姐妹 jiěmèi	지에메이
□ 자세	姿势 zīshì	즈스
□ 자수	绣 xiù	시우
□ 자신	自身 zìshēn	쯔션
□ 자연	自然 zìrán	쯔란
□ 자원	资源 zīyuán	즈위엔

□ 자유	自由 zìyóu	쯔여우
□ 작가	作家 zuòjiā	쭈어지아
□ 작년	去年 qùnián	취니엔
□ 작다	小 xiǎo	시아오
□ 작사	作词 zuòcí	쭈어츠
□ 작성	开 kāi	카이
□ 작업	作业 zuòyè	쭈어예
□ 작업장	厂房 chǎngfang	창팡
□ 작용	作用 zuòyòng	쭈어융
□ 작품	作品 zuòpǐn	쭈어핀
□ 잔	杯 bēi	베이
□ 잔고	库存 kùcún	쿠춘
□ 잔돈	零钱 língqián	링치엔
□ 잠옷	睡衣 shuìyī	쉐이이
□ 잠자다	睡觉 shuìjiào	쉐이지아오
□ 잡동사니	杂物 záwù	짜우
□ 잡음	噪音 zàoyīn	자오인
□ 잡지	杂志 zázhì	짜즈
□ 장갑	手套 shǒutào	셔우타오
□ 장거리	长途 chángtú	창투

장

□ 장난감	玩具	wánjù	완쥐
□ 장남	长子	zhǎngzǐ	장즈
□ 장녀	长女	zhǎngnǚ	장뉘
□ 장단점	长短	chángduǎn	창두안
□ 장사	生意	shēngyì	셩이
□ 장소	场所	chǎngsuǒ	창쑤어
□ 재료	材料	cáiliào	차이리아오
□ 재미없다	没意思	méiyìsi	메이이쓰
□ 재미있다	有意思	yǒuyìsi	여우이쓰
□ 재봉틀	缝衣机	féngyījī	펑이지
□ 재산	财产	cáichǎn	차이찬
□ 재작년	前年	qiánnián	치엔니엔
□ 재치	灵机	língjī	링지
□ 재킷	夹克	jiākè	지아커
□ 재해	灾害	zāihài	자이하이
□ 재혼	再婚	zàihūn	자이훈
□ 잼	果子酱	guǒzijiàng	꾸어즈지앙
□ 저것	那	nà	나
□ 저기	那里	nàlǐ	나리
□ 저녁	晚上	wǎnshang	완샹

저

□ 저쪽	那边	nàbiān	나비엔
□ 저택	宅院	zháiyuàn	자이위엔
□ 적다	少	shǎo	사오
□ 적십자	红十字	Hóngshízì	홍스즈
□ 적자	赤字	chìzì	츠쯔
□ 전구	灯泡	dēngpào	덩파오
□ 전기	电气	diànqì	띠엔치
□ 전기제품	电器	diànqì	띠엔치
□ 전등	电灯	diàndēng	띠엔떵
□ 전람	展览	zhǎnlǎn	잔란
□ 전력	电力	diànlì	띠엔리
□ 전매	专卖	zhuānmài	주안마이
□ 전시회	展览会	zhǎnlǎnhuì	잔란훼이
□ 전압	电压	diànyā	띠엔야
□ 전원	电源	diànyuán	띠엔위엔
□ 전자	电子	diànzǐ	띠엔즈
□ 전쟁	战争	zhànzhēng	잔정
□ 전차	电车	diànchē	띠엔처
□ 전통	传统	chuántǒng	추안통
□ 전표	发票	fāpiào	파피아오

자

전

□ 전화	电话 diànhuà	띠엔화
□ 절	寺 sì	쓰
□ 절차	步骤 bùzhòu	뿌저우
□ 젊다	年轻 niánqīng	니엔칭
□ 젊은이	年轻人 niánqīngrén	니엔칭런
□ 점	点 diǎn	디엔
□ 점원	店员 diànyuán	띠엔위엔
□ 점퍼	工作服 gōngzuòfú	공쭈어푸
□ 점포	铺子 pùzi	푸즈
□ 접대(하다)	接待 jiēdài	지에따이
□ 접수(하다)	接收 jiēshōu	지에서우
□ 접시	碟子 diézi	디에즈
□ 젓가락	筷子 kuàizi	콰이즈
□ 정가	定价 dìngjià	띵지아
□ 정식	正式 zhèngshì	정스
□ 정오	中午 zhōngwǔ	중우
□ 정원	庭园 tíngyuán	팅위엔
□ 정장	正装 zhèngzhuāng	정주앙
□ 정하다	定 dìng	띵
□ 정확하다	正确 zhèngquè	정취에

제

□ 제복	制服 zhìfú	즈푸
□ 제품	制品 zhìpǐn	즈핀
□ 제휴(하다)	提携 tíxié	티시에
□ 조	兆 zhào	자오
□ 조각	碎片儿 suìpiànr	쒜이피알
□ 조개	蛤蚌 gébàng	거방
□ 조개껍질	贝壳 bèiké	뻬이커
□ 조건	条件 tiáojiàn	티아오지엔
□ 조끼	坎肩儿 kǎnjiānr	칸지알
□ 조리사	厨子 chúzi	추즈
□ 조립(하다)	装配 zhuāngpèi	주앙페이
□ 조약	条约 tiáoyuē	티아오위에
□ 족자	画轴 huàzhóu	화저우
□ 존재(하다)	存在 cúnzài	춘자이
□ 졸업(하다)	毕业 bìyè	삐예
□ 좁다	窄 zhǎi	자이
□ 종교	宗教 zōngjiào	종지아오
□ 종류	种类 zhǒnglèi	중레이
□ 종목	项目 xiàngmù	시앙무
□ 종업원	服务员 fúwùyuán	푸우위엔

자

333

종

□ 종이	纸 zhǐ	즈
□ 종점	终点 zhōngdiǎn	중디엔
□ 좋다	良 liáng	리앙
□ 좋아하다	喜欢 xǐhuān	시환
□ 좌석	坐位 zuòwèi	쭈어웨이
□ 좌우	左右 zuǒyòu	쭈어여우
□ 죄송하다	劳驾 láojià	라오지아
□ 주권	主权 zhǔquán	주취엔
□ 주다	给 gěi	게이
□ 주말	周末 zhōumò	저우모
□ 주머니	兜儿 dōur	떠울
□ 주먹	拳头 quántou	취엔터우
□ 주문(하다)	订 yùdìng	위딩
□ 주방	厨房 chúfáng	추팡
□ 주부	主妇 zhǔfù	주푸
□ 주사	注射 zhùshè	주서
□ 주소	住所 zhùshuǒ	주슈어
□ 주스	果汁儿 guǒzhīr	구어질
□ 주식	股票 gǔpiào	구피아오
□ 주야	昼夜 zhòuyè	저우에

334

□ 주위	周围	zhōuwéi	저우웨이
□ 주전자	壶	hú	후
□ 주점	酒店	jiǔdiàn	지우띠엔
□ 주택	住房	zhùfang	주팡
□ 죽	粥	zhōu	저우
□ 죽다	死	sǐ	쓰
□ 줄	绳子	shéngzi	성즈
□ 줄다	减	jiǎn	지엔
□ 줄무늬	线纹	xiànwén	시엔원
□ 줄자	卷尺	juǎnchǐ	쥐엔츠
□ 중간	当中	dāngzhōng	당중
□ 중고	半旧	bànjiù	반지우
□ 중국음식	中餐	zhōngcān	중찬
□ 중국인	华人	huárén	화런
□ 중심	中心	zhōngxīn	중씬
□ 중앙	中央	zhōngyāng	중양
□ 중약(한방약)	中药	zhōngyào	중야오
□ 증상	症状	zhèngzhuàng	정주앙
□ 지갑	夹子	jiāzi	지아즈
□ 지금	现在	xiànzài	시엔자이

지

□ 지느러미	鳍 qí	치
□ 지름길	便道 biàndào	삐엔따오
□ 지퍼	拉链 lāliàn	라리엔
□ 지폐	钞票 chāopiào	차오피아오
□ 지하	地下 dìxià	띠시아
□ 지하철	地铁 dìtiě	띠티에
□ 직원	职员 zhíyuán	즈위엔
□ 진주	珍珠 zhēnzhū	전주
□ 진짜	地道 dìdào	띠따오
□ 진찰	门诊 ménzhěn	먼전
□ 짐	行李 xíngli	씽리
□ 집	房子 fángzi	팡즈
□ 짜다	咸 xián	시엔
□ 짧다	短 duǎn	두안

차

□ 차	茶 chá	차
□ 차	车 chē	처
□ 차고	车库 chēkù	처쿠
□ 차다	冷 lěng	렁
□ 차도	车道 chēdào	처따오
□ 차례	次序 cìxù	츠쉬
□ 차비	车费 chēfèi	처페이
□ 차이	差异 chāyì	차이
□ 차트	一览表 yīlǎnbiǎo	이란비아오
□ 차표	车票 chēpiào	처피아오
□ 착각	错觉 cuòjué	추어쥐에
□ 참깨	芝麻 zhīma	즈마
□ 참치	金枪鱼 jīnqiāngyú	진치앙위
□ 찻잔	茶杯 chábēi	차베이
□ 찻집	茶馆 cháguǎn	차관
□ 창가	窗口 chuāngkǒu	추앙커우
□ 창고	仓库 cāngkù	창쿠
□ 창문	窗户 chuānghu	추앙후

채

한국어	중국어	발음
채소	蔬菜 shūcài	수차이
책	书 shū	수
책방	书铺 shūpù	수푸
천	布 bù	뿌
천연가스	天然气 tiānránqì	티엔란치
철도	铁道 tiědào	티에따오
체류(하다)	滞留 zhìliú	즈리우
체육관	体育馆 tǐyùguǎn	티위관
체중	体重 tǐzhòng	티중
체질	体质 tǐzhì	티즈
체크무늬	方格儿 fānggér	팡걸
초록색	草绿 cǎolǜ	차오뤼
초면	初见 chūjiàn	추지엔
초콜릿	巧克力 qiǎokèlì	치아오커리
최근	最近 zuìjìn	쮀이진
최저	最低 zuìdī	쮀이디
최초	最初 zuìchū	쮀이추
축산품	畜产品 xùchǎnpǐn	쉬찬핀
출발(하다)	出发 chūfā	추파
출생	出生 chūshēng	추셩

출

☐ 출신	出身 chūshēn	추션
☐ 출입(하다)	出入 chūrù	추루
☐ 출장가다	出差 chūchai	추차이
☐ 출품	出品 chūpǐn	추핀
☐ 출하(하다)	发货 fāhuò	파후어
☐ 출항	起航 qǐháng	치항
☐ 춤	舞 wǔ	우
☐ 춤추다	跳舞 tiàowǔ	티아오우
☐ 춥다	冷 lěng	렁
☐ 취미	爱好 àihào	아이하오
☐ 치료(하다)	医治 yīzhì	이즈
☐ 치약	牙膏 yágāo	야가오
☐ 치즈	干酪 gānlào	간라오
☐ 친구	朋友 péngyou	펑여우
☐ 친척	亲戚 qīnqi	친치
☐ 침대	床 chuáng	추앙
☐ 칫솔	牙刷 yáshuā	야수아

차

카

- 카드   卡片 kǎpiàn   카피엔
- 카메라   照相机 zhàoxiàngjī   자오시앙지
- 카세트테이프   卡带 kǎdài   카다이
- 카운터   柜台 guìtái   궤이타이
- 카페(커피숍)   咖啡厅 kāfēitīng   카페이팅
- 카펫   地毯 dìtǎn   띠탄
- 칵테일   鸡尾酒 jīwěijiǔ   지웨이지우
- 칼   刀 dāo   다오
- 칼라   领子 lǐngzi   링즈
- 캐럿   克拉 kèlā   거라
- 캐주얼   便装 biànzhuāng   비엔주앙
- 캠프   营 yíng   잉
- 캡슐   胶囊 jiāonáng   지아오낭
- 커버   外皮 wàipí   와이피
- 커브   曲线 qūxiàn   취시엔
- 커트   剪 jiǎn   지엔
- 커튼   帘 lián   리엔
- 커피   咖啡 kāfēi   카페이

□ 컬러	彩色	cǎisè	차이쎄
□ 컵	杯子	bēizi	베이즈
□ 케이블카	电缆车	diànlǎnchē	디엔란처
□ 케이스	盒子	hézi	허즈
□ 케이크	蛋糕	dàngāo	딴까오
□ 케첩	番茄	fānqié	판치에
□ 코끼리	大象	dàxiàng	따시앙
□ 코너	角	jiǎo	지아오
□ 코뿔소	犀牛	xīniú	시니우
□ 코스	进程	jìnchéng	진청
□ 코알라	树袋熊	shùdàixióng	수따이시웅
□ 코트	大衣	dàyī	따이
□ 콩	豆子	dòuzi	떠우즈
□ 콩나물	豆芽	dòuyá	떠우야
□ 쿠폰	联券	liánquàn	리엔취엔
□ 크기	大小	dàxiǎo	따시아오
□ 크다	大	dà	따
□ 크림	奶油	nǎiyóu	나이여우
□ 클럽	俱乐部	jùlèbù	쥐러부
□ 클레임	索赔	suǒpéi	쑤어페이

타

한국어	中文	발음
타국	异国 yìguó	이구어
타다	乘 chéng	청
타워	塔 tǎ	타
타월	毛巾 máojīn	마오진
타이어	轮胎 lúntāi	룬타이
타인	他人 tārén	타런
타조	鸵鸟 tuóniǎo	투어니아오
탈의실	更衣室 gēngyīshì	겅이스
탈지면	脱脂棉 tuōzhīmián	투어즈미엔
탑승	乘坐 chéngzuò	청쭈어
탑재	运载 yùnzài	윈짜이
탕(목욕)	塘 táng	탕
택시	出租汽车 chūzūqìchē	추주치처
터널	隧道 suìdào	쒜이따오
터미널	终端站 zhōngduānzhàn	중뚜안잔
턱	下巴 xiàba	시아바
털	毛 máo	마오
털실	毛线 máoxiàn	마오시엔

□ 테니스	网球	wǎngqiú	왕치우
□ 테두리	轮廓	lúnkuò	룬쿠어
□ 테이블	桌子	zhuōzi	주어즈
□ 테이프(카세트)	磁带	cídài	츠따이
□ 텐트	帐篷	zhàngpéng	장펑
□ 텔레비전	电视	diànshì	띠엔스
□ 토마토	西红柿	xīhóngshì	시훙스
□ 통역원	译员	yìyuán	이위엔
□ 통조림	罐头	guàntou	관터우
□ 튀기다	炸	zhá	자
□ 튀김	油炸食物	yóuzháshíwù	여우자스우
□ 트럭	卡车	kǎchē	카처
□ 트럼프	扑克牌	pūkèpái	푸커파이
□ 트렁크	皮箱	píxiāng	피시앙
□ 특급	特级	tèjí	터지
□ 특산	特产	tèchǎn	터찬
□ 특징	特征	tèzhēng	터정
□ 티셔츠	T恤衫	Txùshān	티쉬산
□ 티켓	票	piào	피아오
□ 팁	小费	xiǎofèi	시아오페이

파

□ 파	葱 cōng	총
□ 파라솔	遮阳伞 zhēyángsǎn	저양산
□ 파랑	波浪 bōlàng	뽀랑
□ 파랗다	绿 lù	뤼
□ 파마	烫发 tàngfà	탄파
□ 파산(하다)	破产 pòchǎn	포찬
□ 파이팅!	加油 jiāyóu	지아여우
□ 파이프	管子 guǎnzi	관즈
□ 파인애플	菠萝 bōluó	보루어
□ 파트너	伙伴 huǒbàn	후어빤
□ 파티	酒会 jiǔhuì	지우훼이
□ 팔	臂 bì	삐
□ 팔꿈치	胳膊 gēbo	꺼보
□ 팔다	卖 mài	마이
□ 팔목	手腕 shǒuwàn	셔우완
□ 팔찌	手镯 shǒuzhuó	셔우주어
□ 패션	时装 shízhuāng	스주앙
□ 팩스	传真 chuánzhēn	추안전

팬	迷 mí	미
팬티	裤衩 kùchǎ	쿠차
팸플릿	副册 fùcè	푸처
페인트	油漆 yóuqī	여우치
펜	钢笔 gāngbǐ	깡삐
편지봉투	信封 xìnfēng	씬펑
편지지	信纸 xìnzhǐ	씬즈
폐	肺 fèi	페이
폐업(하다)	关闭 guānbì	관삐
폐해	弊病 bìbìng	삐빙
포도	葡萄 pútao	푸타오
포커	扑克 púkè	푸커
포크	叉子 chāzi	차즈
폭	幅 fú	푸
폭음	暴饮 bàoyǐn	빠오인
폭포	瀑布 pùbù	푸뿌
폭풍	风暴 fēngbào	펑빠오
표	票 piào	피아오
표본	标本 biāoběn	비아오번
표준	标准 biāozhǔn	비아오준

푸

□ 푸르다	绿 lǜ	뤼
□ 풀	草 cǎo	차오
□ 풀잎	草叶 cǎoyè	차오예
□ 품목	品种 pǐnzhǒng	핑종
□ 품절	短货 duǎnhuò	두안후어
□ 품종	品种 pǐnzhǒng	핀중
□ 품질	品质 pǐnzhì	핀즈
□ 플라스틱	塑料 sùliào	쑤리아오
□ 플래시	闪光灯 shǎnguāngdēng	산광덩
□ 플랫폼	站台 zhàntái	잔타이
□ 피	血 xuè	쉬에
□ 피로하다	疲劳 píláo	피라오
□ 피부	皮肤 pífū	피푸
□ 피서	避暑 bìshǔ	비수
□ 피차	彼杂 bǐzá	비자
□ 피해자	被害人 bèihàirén	베이하이런
□ 필름	胶卷 jiāojuǎn	지아오쥐엔
□ 필수품	必需品 bìxūpǐn	삐쉬핀
□ 필연적이다	必然 bìrán	삐란

하

□ 하계	夏天 xiàtiān	시아티엔
□ 하급	下级 xiàjí	시아지
□ 하늘	天 tiān	티엔
□ 하락	下跌 xiàdiē	시아디에
□ 하루	一天 yītiān	이티엔
□ 하룻밤	一夜 yīyè	이에
□ 하마	河马 hémǎ	허마
□ 하순	下旬 xiàxún	시아쉰
□ 하얗다	白 bái	바이
□ 하이힐	高跟鞋 gāogēnxié	가오건시에
□ 하찮다	细小 xìxiǎo	시시아오
□ 하천	河川 héchuān	허추안
□ 하청	转包 zhuǎnbāo	주안바오
□ 하체	下身 xiàshēn	시아션
□ 학교	学校 xuéxiào	쉬에시아오
□ 학력	学历 xuélì	쉬에리
□ 학비	学费 xuéfèi	쉬에페이
□ 학생	学生 xuéshēng	쉬에셩

학

□ 학용품	文具	wénjù	원쥐
□ 학원	学院	xuéyuàn	쉬에위엔
□ 학위	学位	xuéwèi	쉬에웨이
□ 한국	韩国	Hánguó	한구어
□ 한국어	韩语	Hányǔ	한위
□ 한국인	韩人	Hánrén	한런
□ 한나절	半天	bàntiān	빤티엔
□ 한낮	中午	zhōngwǔ	중우
□ 한도	限度	xiàndù	시엔뚜
□ 한동안	一阵	yízhèn	이전
□ 한문	汉文	Hànwén	한원
□ 한어	汉语	hànyǔ	한위
□ 한의사	中医	zhōngyī	중이
□ 한자	汉字	Hànzì	한쯔
□ 한쪽	一旁	yìpáng	이팡
□ 할머니	奶奶	nǎinai	나이나이
□ 할아버지	爷爷	yěye	에에
□ 할인	折扣	zhékòu	저커우
□ 함께	一起	yìqǐ	이치
□ 합계	一共	yīgòng	이공

☐ 합산	合计	héjì	허지
☐ 합석	同席	tóngxí	통시
☐ 합승	同乘	tóngchéng	통청
☐ 합의(하다)	接洽	jiēqià	지에치아
☐ 합자	合资	hézī	허즈
☐ 합하다	合	hé	허
☐ 항공	航空	hángkōng	항콩
☐ 항구	港口	gǎngkǒu	강커우
☐ 항만	港湾	gǎngwān	강완
☐ 해	太阳	tàiyáng	타이양
☐ 해발	海拔	hǎibá	하이바
☐ 해산물	海产	hǎichǎn	하이찬
☐ 해삼	海参	hǎishēn	하이션
☐ 해상	海上	hǎishàng	하이상
☐ 해수욕	海浴	hǎiyù	하이위
☐ 해안	海岸	hǎi'àn	하이안
☐ 해약	解约	jiěyuē	지에위에
☐ 해양	海洋	háiyáng	하이양
☐ 해초	海藻	hǎizǎo	하이자오
☐ 해협	海峡	hǎixiá	하이시아

핸

한국어	중국어	발음
□ 핸드백	手提包 shǒutíbāo	셔우티바오
□ 핸드폰	手机 shǒujī	셔우지
□ 핸들	手柄 shǒubǐng	셔우빙
□ 햇빛	阳光 yángguāng	양광
□ 향기	香味 xiāngwèi	시앙웨이
□ 향기롭다	芬芳 fēnfāng	펀팡
□ 향수	香水 xiāngshuǐ	시앙쉐이
□ 향하다	向 xiàng	시앙
□ 허가증	执照 zhízhào	즈자오
□ 헌옷	估衣 gùyi	구이
□ 헐값	低价 dījià	디지아
□ 헐겁다	松 sōng	쏭
□ 헝겊	布 bù	뿌
□ 혀	舌头 shétou	셔터우
□ 현관	门口 ménkǒu	먼커우
□ 현금	现钱 xiànqián	시엔치엔
□ 현대	现代 xiàndài	시엔따이
□ 현재	现在 xiànzài	시엔자이
□ 현지	现地 xiàndì	시엔디
□ 혈맹	血盟 xuèméng	쉬에멍

□ 혈압	血压	xuèyā	쉬에야
□ 혈액형	血型	xuèxíng	쉬에씽
□ 협력(하다)	协作	xiézuò	시에쭈어
□ 협상(하다)	协商	xiéshāng	시에샹
□ 협의(하다)	协议	xiéyì	시에이
□ 형님	哥哥	gēge	거거
□ 형제	兄弟	xiōngdì	시옹띠
□ 호랑이	老虎	lǎohǔ	라오후
□ 호수	湖泊	húpō	후포
□ 호텔	饭店	fàndiàn	판디엔
□ 호화롭다	豪华	háohuá	하오화
□ 화가	画家	huàjiā	화지아
□ 화교	华侨	huáqiáo	화치아오
□ 화장실	厕所	cèsuǒ	처쑤어
□ 화장(하다)	化妆	huàzhuāng	화주앙
□ 확인(하다)	确认	quèrèn	취에런
□ 환불	还钱	huánqián	환치엔
□ 환율	汇率	huìlǜ	훼이뤼
□ 환자	患者	huànzhě	환저
□ 환전	兑领	duìlǐng	뚜에이링

황

황금	黄金 huángjīn	후앙진
황제	皇帝 huángdì	후앙띠
황토	黄土 huángtǔ	후앙투
회사	公司 gōngsī	공쓰
회의장	会场 huìchǎng	훼이창
효과	效果 xiàoguǒ	시아오구어
효능	功能 gōngnéng	공넝
휘발유	汽油 qìyóu	치여우
휴가	假 jiǎ	지아
휴게소	过路店 guòlùdiàn	구어루디엔
휴대전화	手机 shǒujī	셔우지
휴지	手纸 shǒuzhǐ	셔우즈
흑백	黑白 hēibái	헤이바이
흙	土 tǔ	투
흡연	吸烟 xīyān	시이엔
희다	白 bái	바이

memo

memo

memo

memo

memo

memo

memo

memo

memo

memo

memo

memo

memo

memo

memo

memo

성명 Name	
생년월일 Date of Birth	
국적 Nationality	
호텔 Hotel	
여권번호 Passport No.	
비자번호 Visa No.	
항공기 편명 Flight Name	
항공권번호 Air Ticket No.	
신용카드번호 Credit Card No.	
여행자수표번호 Traveler's Check No.	
출발지 Departed from	
목적지 Destination	

물건을 분실했거나 도난당했을 때

① 분실물 취급소는 어디에 있습니까?
bunsilmul chwigeupsoneun eodie itseumnikka?

② 여권을 잃어버렸습니다.
yeogwoneul ireobeoryeotseumnida.

③ 열차 안에 지갑을 두고 내렸습니다.
yeolcha ane jigabeul dugo naeryeotseumnida.

④ 어디서 잃어버렸는지 기억이 안 납니다.
eodiseo ireobeoryeonneunji gieogi an namnida.

⑤ 지갑을 도둑맞았어요!
jigabeul dodungmajasseoyo!

⑥ 방에 도둑이 들어왔습니다.
bange dodugi deureowatseumnida.

⑦ 경찰에 신고해 주시겠어요?
gyeongchare singohae jusigesseoyo?

为难的时候 · 2

① 메이여우치엔!
没有钱。
méi yǒu qián

② 떵떵! 깐 선머너?
等等！干什么呢?
děng děng gān shén me ne

③ 뿌야오 펑!
不要碰！
bú yào pèng

④ 삐에 꿔라이!
别过来！
bié guò lái

⑤ 뿌야오 카오진.
不要靠近。
bú yào kào jìn

⑥ 워야오쟈오 징차러!
我要叫警察了。
wǒ yào jiào jǐng chá le

⑦ 칭빵망!
请帮忙！
qǐng bāng máng

난처한 상황에 빠졌을 때·2

❶ 가진 돈이 없어요!
gajin doni eopseoyo!

---

❷ 잠깐! 뭐하는 겁니까?
jamkkan! mwohaneun geomnikka?

---

❸ 만지지 말아요!
manjiji marayo!

---

❹ 저리 가요!
Jeo-ri gayo!

---

❺ 가까이 오지 말아요.
gakkai oji marayo.

---

❻ 경찰을 부르겠다!
gyeongchareul bureugetda!

---

❼ 도와주세요!
dowajuseyo!

为难的时候·1

❶ 여우 윈티러.
有问题了。
yǒu wèn tí le

❷ 시엔짜이 헌쿤난.
现在很困难。
xiàn zài hěn kùn nán

❸ 메이여우선머 하오빤파마?
没有什么好办法吗?
méi yǒu shén me hǎo bàn fǎ ma

❹ 쩐머반 하오?
怎么办好?
zěn me bàn hǎo

❺ 처숴 짜이나리?
厕所在哪里?
cè suǒ zài nǎ lǐ

❻ 워자오 닌수오더 반.
我照您说的办。
wǒ zhào nín shuō de bàn

❼ 선머?
什么?
shén me

난처한 상황에 빠졌을 때·1

1 문제가 생겼습니다.
munjega saenggyeotseumnida.

2 지금 무척 난처합니다.
jigeum mucheok nancheohamnida.

3 무슨 좋은 방법은 없을까요?
museun joeun bangbeobeun eopseulkkayo?

4 어떻게 하면 좋을까요?
eotteoke Ha-myeon joeulkkayo?

5 화장실은 어디죠?
hwajangsireun eodijyo?

6 시키는 대로 할게요.
sikineun daero halgeyo.

7 뭐야?
mwoya?

语言沟通有问题的时候

❶ 후이 종궈위마?
会中国语吗?
huì zhōng guó yǔ ma

❷ 워뿌후이쉬 종원.
我不会说中文。
wǒ bú huì shuō zhōng wén

❸ 시앙빠이퉈닌 판이이샤.
想拜托您翻译一下。
xiǎng bài tuō nín fān yì yí xià

❹ 한궈위빤더 쩐머양?
韩国语版的怎么样?
hán guó yǔ bǎn de zěn me yàng

❺ 칭짜이 만디엔쉬.
请再慢点说。
qǐng zài màn diǎn shuō

❻ 나스 선머이쓰?
那是什么意思?
nà shì shén me yì sī

❼ 칭 시에이샤.
请写一下。
qǐng xiě yí xià

말이 잘 통하지 않을 때

① 중국어를 할 줄 압니까?
junggugeoreul hal jul amnikka?

② 중국어는 할 줄 모릅니다.
junggugeoneun hal jul moreumnida.

③ 통역을 부탁하고 싶은데요.
tongyeogeul butakago sipeundeyo.

④ 한국어판은 있습니까?
hangugeopaneun itseumnikka?

⑤ 좀더 천천히 말씀해 주세요.
jomdeo cheoncheonhi malsseumhae juseyo.

⑥ 그건 무슨 뜻입니까?
geugeon museun tteusimnikka?

⑦ 써 주세요.
sseo juseyo.

PART 7

트러블
緊急状況

말이 잘 통하지 않을 때
난처한 상황에 빠졌을 때
물건을 분실했거나 도난당했을 때
사고가 났을 때
몸이 아플 때

긴급 상황 ➡➡➡

❖ 알아두면 유용한 전화번호

* 주중 대사관 주소

中国 北京市 朝阳区 三理屯 东4街 3号. 100600
TEL : (86-10) 6532-0290 FAX : (86-10) 6532-0141

* 대사관 영사부 주소

中国 北京市 朝阳区 三里屯 东4街 9号
TEL : (86-10) 6532-6771(~6)
FAX : (86-10) 6532-6778(일반민원업무)
　　　(86-10) 6532-6723(사증업무전용)

* 유용한 전화번호

- 경찰 ☎110
- 구급차 ☎120
- 전화번호 문의 ☎114
- 국제전화신청전화번호 ☎115
- 국내장거리전화신청 ☎173
- 토털 해외여행자 서비스 ;

  여행자가 겪을 수 있는 각종 사고 등을 신속히 해결해 주는 서비스로, 자국을 제외한 세계 160개국에서 24시간 긴급지원을 받을 수 있다. 내용은 입원 같은 의료지원에서부터 법률자문, 통역주선, 휴대품의 복귀 등 다양하다.

　　에이아이에이(AEA) 서울 ☎ (02) 790-7561
　　에스오에스(SOS) 서울 ☎ (02) 736-3421

退货 / 退款

① 워시앙 투웨이훠.
我想退货。
wǒ xiǎng tuì huò

② 하이메이여우 융꿔.
还没有用过。
hái méi yǒu yòng guò

③ 여우이거 쟈더.
有一个假的。
yǒu yī ge jiǎ de

④ 셔우쥐 짜이저리.
收据在这里。
shōu jù zài zhè lǐ

⑤ 스쭤티엔 마이더.
是昨天买的。
shì zuó tiān mǎi de

⑥ 넝 투웨이후안마?
能退还吗?
néng tuì huán ma

⑦ 허마이더뚱시 뿌이양.
和买的东西不一样。
hé mǎi de dōng xī bù yí yàng

반품·환불을 원할 때

❶ 반품하고 싶은데요.
banpumhago sipeundeyo.

❷ 아직 쓰지 않았습니다.
ajik sseuji anatseumnida.

❸ 가짜가 하나 섞여 있었습니다.
gajjaga hana seokkyeo isseotseumnida.

❹ 영수증은 여기 있습니다.
yeongsujeungeun yeogi itseumnida.

❺ 어제 샀습니다.
eoje satseumnida.

❻ 환불해 주시겠어요?
hwanbulhae jusigesseoyo?

❼ 산 물건하고 다릅니다.
san mulgeonhago dareumnida.

配送 / 交还

1 칭짜이저거띠엔 파쏭따오한궈.
请在这个店发送到韩国。
qǐng zài zhè ge diàn fā sòng dào hán guó

2 워시앙융 항콩지씬.
我想用航空寄信。
wǒ xiǎng yòng háng kōng jì xìn

3 워시앙융 하이윈지씬.
我想用海运寄信。
wǒ xiǎng yòng haǐ yùn jì xìn

4 융항콩여우지엔 뚸사오치엔?
用航空邮件多少钱?
yòng háng kōng yóu jiàn duō shǎo qián

5 께이닌 후안신더.
给您换新的。
gěi nín huàn xīn de

6 마이더스허우 메이파시엔.
买的时候没发现。
mǎi de shí hòu méi fā xiàn

7 넝께이워 후안삐에더마?
能给我换别的吗?
néng gěi wǒ huàn bié de ma

배송·교환을 원할 때

① 이 가게에서 한국으로 발송해 주십시오.
i gageeseo hangugeuro balsonghae jusipsio.

② 항공편으로 부탁합니다.
hanggongpyeoneuro butakamnida.

③ 선편으로 부탁합니다.
seonpyeoneuro butakamnida.

④ 항공편으로 얼마나 듭니까?
hanggongpyeoneuro eolmana deumnikka?

⑤ 새 것으로 바꿔드리겠습니다.
sae geoseuro bakkwodeurigetseumnida.

⑥ 샀을 때는 몰랐습니다.
sasseul ttaeneun mollatseumnida.

⑦ 다른 것으로 바꿔 주시겠어요?
dareun geoseuro bakkwo jusigesseoyo?

包装和送货

1 넝께이워 따이즈마?
能给我袋子吗?
néng gěi wǒ dài zi ma

2 저스 쭤리우융더 넝빠오주앙이쌰마?
这是做礼物用的能包装一下吗?
zhè shì zuò lǐ wù yòng de néng bāo zhuāng yí xià ma

3 칭께이워 펀주오빠오주앙.
请给我分着包装。
qǐng gěi wǒ fēn zhuó bāo zhuāng

4 넝농라이 주앙저거융더 허즈마?
能弄来装这个用的盒子吗?
néng nòng lái zhuāng zhè ge yòng de hé zi ma

5 시왕짜이 진티엔즈네이 송꿔라이.
希望在今天之内送过来。
xī wàng zài jīn tiān zhī nèi sòng guò lái

6 링와이 하이쉬야오 선머페이융마?
另外还需要什么费用吗?
lìng wài hái xū yào shén me fèi yòng ma

7 칭지따오 이샤디즈.
请寄到以下地址。
qǐng jì dào yǐ xià dì zhǐ

포장과 배달을 원할 때

① 봉지를 주시겠어요?
bongjireul jusigesseoyo?

② 이걸 선물용으로 포장해 주시겠어요?
igeol seonmuryongeuro pojanghae jusigesseoyo?

③ 따로따로 포장해 주세요.
ttarottaro pojanghae juseyo.

④ 이거 넣을 박스 좀 얻을 수 있나요?
igeo neoeul bakseu jom eodeul su innayo?

⑤ 오늘 중으로 배달해 주었으면 하는데요.
oneul jungeuro baedalhae jueosseumyeon haneundeyo.

⑥ 별도로 요금이 듭니까?
byeoldoro yogeumi deumnikka?

⑦ 이 주소로 보내 주세요.
i jusoro bonae juseyo.

讨价还价 · 2

① 푸 시엔진더후아 껑피엔이마?
付现金的话更便宜吗?
fù xiàn jīn de huà gèng pián yi ma

② 나워께이닌 따디엔절바.
那我给您打点折儿吧。
nà wǒ gěi nín dǎ diǎn zhér ba

③ 진리앙께이 니여우후이바.
尽量给你优惠吧。
jìn liáng gěi nǐ yōu huì ba

④ 져우마이 저거.
就买这个。
jiù mǎi zhè ge

⑤ 쩐머 즈푸?
怎么支付?
zěn me zhī fù

⑥ 수아카 예커이마?
刷卡也可以吗?
shuā kǎ yě kě yǐ ma

⑦ 칭께이워 셔우쥐?
请给我收据。
qǐng gěi wǒ shōu jù

물건값을 흥정할 때 · 2

① 현금으로 지불하면 더 싸게 됩니까?
hyeongeumeuro jibulhamyeon deo ssage doemnikka?

② 그럼 값을 좀 깎아드릴게요.
geureom gapseul jom kkakkadeurilgeyo.

③ 최대한 깎아드리겠습니다.
choedaehan kkakkadeurigetseumnida.

④ 이걸로 하겠습니다.
igeollo hagetseumnida.

⑤ 지불은 어떻게 하시겠습니까?
jibureun eotteoke hasigetseumnikka?

⑥ 카드도 됩니까?
kadeudo doemnikka?

⑦ 영수증을 주시겠어요?
yeongsujeungeul jusigesseoyo?

讨价还价·1

① 짜이나 지에장?
在哪结帐?
zài nǎ jié zhàng

② 취엔뿌 뚸사오치엔?
全部多少钱?
quán bù duō shǎo qián

③ 이거 뚸사오치엔?
一个多少钱?
yí ge duō shǎo qián

④ 타이꾸이러.
太贵了。
tài guì le

⑤ 넝피엔이 디엔마?
能便宜点吗?
néng pián yi diǎn ma

⑥ 여우껑 피엔이더마?
有更便宜的吗?
yǒu gèng pián yi de ma

⑦ 피엔이디엔 져우마이.
便宜点就买。
pián yi diǎn jiù mǎi

① 계산은 어디서 합니까?
gyesaneun eodiseo hamnikka?

② 전부해서 얼마가 됩니까?
jeonbuhaeseo eolmaga doemnikka?

③ 하나에 얼마입니까?
hanae eolmaimnikka?

④ 너무 비쌉니다.
neomu bissamnida.

⑤ 깎아 주시겠어요?
kkakka jusigesseoyo?

⑥ 더 싼 것은 없습니까?
deo ssan geoseun eopseumnikka?

⑦ 깎아주면 사겠습니다.
kkakkajumyeon sagetseumnida.

在百货商店 / 免税店

1 짜이자오 따저더뚱시.
在找打折的东西。
zài zhǎo dǎ zhé de dōng xī

2 위수안 뚸사오치엔?
预算多少钱?
yù suàn duō shǎo qián

3 나거상핀 스신상핀마?
哪个商品是新商品吗?
nǎ ge shāng pǐn shì xīn shāng pǐn ma

4 쩐머 께이닌 농?
怎么给您弄?
zěn me gěi nín nòng

5 스 선머파이즈더?
是什么牌子的?
shì shén me pái zi de

6 미엔수이띠엔 짜이나리?
免税店在哪里?
miǎn shuì diàn zài nǎ lǐ

7 미엔수이 뚸사오?
免税多少?
miǎn shuì duō shǎo

백화점 · 면세점에서

❶ 세일하는 물건을 찾고 있습니다.
seilhaneun mulgeoneul chatgo itseumnida.

❷ 예산은 어느 정도이십니까?
yesaneun eoneu jeongdoisimnikka?

❸ 신상품은 어느 것입니까?
sinsangpumeun eoneu geosimnikka?

❹ 어떻게 해 드릴까요?
eotteoke hae deurilkkayo?

❺ 이것은 어느 브랜드입니까?
igeoseun eoneu beuraendeuimnikka?

❻ 면세점은 어디에 있습니까?
myeonsejeomeun eodie itseumnikka?

❼ 얼마까지 면세가 됩니까?
eolmakkaji myeonsega doemnikka?

挑商品・2

1 여우선머 이엔서?

有什么颜色?
yǒu shén me yán sè

2 여우 삐에더 쿠안스마?

有别的款式吗?
yǒu bié de kuǎn shì ma

3 여우 삐에더 써지마?

有别的设计吗?
yǒu bié de shè jì ma

4 여우 차뿌뚸 콴스더마?

有差不多款式的吗。
yǒu chā bù duō kuǎn shì de ma

5 져우 저시에츠춘마?

就这些尺寸吗?
jiù zhè xiē chǐ cùn ma

6 뿌칭추 워더츠춘.

不清楚我的尺寸。
bù qīng chǔ wǒ de chǐ cùn

7 스 종궈즈핀마?

是中国制品吗?
shì zhōng guó zhì pǐn ma

물건을 고를 때·2

1 무슨 색이 있습니까?
museun saegi itseumnikka?

2 다른 스타일은 있습니까?
dareun seutaireun itseumnikka?

3 다른 디자인은 있습니까?
dareun dijaineun itseumnikka?

4 디자인이 비슷한 것은 있습니까?
dijaini biseutan geoseun itseumnikka?

5 사이즈는 이것뿐입니까?
saijeuneun igeotppunimnikka?

6 제 사이즈를 모르겠는데요.
je saijeureul moreugenneundeyo.

7 중국제품입니까?
junggukjepumimnikka?

挑商品 · 1

1 져우 저시에마?
就这些吗?
jiù zhè xiē ma

2 닌 씨앙야오 나거?
您想要哪个?
nín xiǎng yào nǎ gè

3 하이 여우메이여우 삐에더?
还有没有别的?
hái yǒu méi yǒu bié de

4 칸칸나거 예커이마?
看看那个也可以吗?
kàn kàn nà ge yě kě yǐ ma

5 넝께이워 칸이샤마?
能给我看一下吗?
néng gěi wǒ kàn yī xià ma

6 야오시엔 칸이샤 삐에더마?
要先看一下别的吗?
yào xiān kàn yí xià bié de ma

7 메이여우즈리앙 껑하오더마?
没有质量更好的吗?
méi yǒu zhì liáng gèng hǎo de ma

물건을 고를 때·1

❶ 이것뿐입니까?
igeotppunimnikka?

❷ 어떤 것을 원하십니까?
eotteon geoseul wonhasimnikka?

❸ 다른 것은 없습니까?
dareun geoseun eopseumnikka?

❹ 그걸 봐도 될까요?
geugeol bwado doelkkayo?

❺ 몇 가지 보여 주시겠어요?
myeot gaji boyeo jusigesseoyo?

❻ 다른 것을 보여 주시겠어요?
dareun geoseul boyeo jusigesseoyo?

❼ 더 품질이 좋은 것은 없습니까?
deo pumjiri joeun geoseun eopseumnikka?

找物品·2

1 워시앙마이 윈뚱시에.
我想买运动鞋。
wǒ xiǎng mǎi yùn dòng xié

2 짜이자오 송께이 치즈더 리우.
在找送给妻子的礼物。
zài zhǎo sòng gěi qī zǐ de lǐ wù

3 짜이자오 칭삐엔이띠엔더.
在找轻便一点的。
zài zhǎo qīng biàn yì diǎn de

4 메이여우 커이 쮜리우융더마?
没有可以做礼物用的吗?
méi yǒu kě yǐ zuò lǐ wù yòng de ma

5 넝께이워 칸이샤 나거마?
能给我看一下那个吗?
néng gěi wǒ kàn yí xià nà ge ma

6 쉬야오 미엔즈더.
需要棉质的。
xū yào mián zhì de

7 여우 허저거 이양더마?
有和这个一样的吗?
yǒu hé zhè ge yí yàng de ma

물건을 찾을 때·2

❶ 운동화를 사고 싶은데요.
undonghwareul sago sipeundeyo.

❷ 아내에게 선물할 것을 찾고 있습니다.
anaeege seonmulhal geoseul chatgo itseumnida.

❸ 캐주얼한 것을 찾고 있습니다.
kaejueolhan geoseul chatgo itseumnida.

❹ 선물로 적당한 것은 없습니까?
seonmullo jeokdanghan geoseun eopseumnikka?

❺ 저걸 보여 주시겠어요?
jeogeol boyeo jusigesseoyo?

❻ 면으로 된 것이 필요한데요.
myeoneuro doen geosi piryohandeyo.

❼ 이것과 같은 것은 있습니까?
igeotgwa gateun geoseun itseumnikka?

找物品 · 1

① 후안잉꾸앙린!
欢迎光临!
huān yíng guāng lín

② 짜이자오 선머?
在找什么?
zài zhǎo shén me

③ 즈스 칸이칸.
只是看一看。
zhǐ shì kàn yi kàn

④ 여우선머 쉬야오더 칭수오.
有什么需要的请说。
yǒu shén me xū yào de qǐng shuō

⑤ 칭 꿔라이이샤.
请过来一下。
qǐng guò lái yí xià

⑥ 짜이자오 시우샨.
在找短袖衫。
zài zhǎo duǎn xiù shān

⑦ 워시앙마이 따이.
我想买大衣。
wǒ xiǎng mǎi dà yī

물건을 찾을 때·1

❶ 어서 오십시오.
eoseo osipsio.

❷ 무얼 찾으십니까?
mueol chajeusimnikka?

❸ 그냥 구경하는 겁니다.
geunyang gugyeonghaneun geomnida.

❹ 필요한 것이 있으시면 말씀하십시오.
piryohan geosi isseusimyeon malsseumhasipsio.

❺ 여기 잠깐 봐 주세요.
yeogi jamkkan bwa juseyo.

❻ 블라우스를 찾고 있습니다.
beullauseureul chatgo itseumnida.

❼ 코트를 찾고 있습니다.
koteureul chatgo itseumnida.

找商店

① 저거청스더꺼우우지에 자이나리?
这个城市的购物街在哪里?
zhè gè chéng shì de gòu wù jiē zài nǎ lǐ

② 여우 꺼우우다오여우마?
有购物导游吗?
yǒu gòu wù dǎo yóu ma

③ 짜이날 커이마이 리우?
在哪儿可以买礼物?
zài nǎ er kě yǐ mǎi lǐ wù

④ 저푸진여우 바이훠상띠엔마?
这附近有百货商店吗?
zhè fù jìn yǒu bǎi huò shāng diàn ma

⑤ 워짜이자오 삐엔리띠엔.
我在找便利店。
wǒ zài zhǎo biàn lì diàn

⑥ 저푸진 여우 지엔마이상띠엔마?
这附近有贱卖商店吗?
zhè fù jìn yǒu jiàn mài shāng diàn ma

⑦ 짜이나리 넝마이따오?
在哪里能买到?
zài nǎ lǐ néng mǎi dào

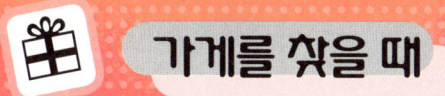
가게를 찾을 때

① 이 도시의 쇼핑가는 어디에 있습니까?
i dosiui syopingganeun eodie itseumnikka?

② 쇼핑 가이드는 있나요?
syoping gaideuneun innayo?

③ 선물은 어디서 살 수 있습니까?
seonmureun eodiseo sal su itseumnikka?

④ 이 주변에 백화점은 있습니까?
i jubyeone baekwajeomeun itseumnikka?

⑤ 편의점을 찾고 있습니다.
pyeonuijeomeul chatgo itseumnida.

⑥ 이 주변에 할인점은 있습니까?
i jubyeone harinjeomeun itseumnikka?

⑦ 그건 어디서 살 수 있나요?
geugeon eodiseo sal su innayo?

PART 6

쇼핑
购物

가게를 찾을 때
물건을 찾을 때
물건을 고를 때
백화점 · 면세점에서
물건값을 흥정할 때
포장과 배달을 원할 때
배송 · 교환을 원할 때
반품 · 환불을 원할 때

쇼핑 가이드

◆중국에서의 쇼핑 상식

* 가격 흥정을 잘 한다.

중국에서 쇼핑할 때 확실히 기억해 두어야 할 것은 무조건 가격을 깎아야 한다는 것이다. 심지어는 백화점에서 가격표가 붙어 있는 경우에도 깎으려고 마음만 먹는다면 깎을 수 있다. 중국인들은 외국인이라고 판단이 내려지면 무조건 비싼 가격을 부르는 경향이 있는데, 이것을 곧이곧대로 믿고 산다면 십중팔구는 바가지를 쓰게 된다. 조금 귀찮은 생각이 들더라도 깎아 보도록 하자. 보통 2배 정도의 가격에서 심지어는 10배 이상의 터무니없는 가격을 부르기도 한다. 특히 자유시장이나 관광지의 기념품 가게에서는 50~70% 정도 깎는 것이 좋다.

* 가격은 천차만별이다.

중국은 아직 시장경제가 정착되지 않았기 때문에 가격제도가 소비자 중심이 아니라 생산자 중심이다. 그래서 가격이 일률적이지 않고 파는 사람 기준에 따라 다르다. 아무리 백화점에서도 같은 물건이더라도 가격이 곳에 따라 차이가 있는 곳도 있다. 그러므로 바가지를 쓰지 않고 제대로 사려면 이곳저곳 돌아다녀 본 후에 가장 가격이 싼 곳을 찾아야 할 정도이다. 중국에서 물건을 바가지 쓰지 않고 사려면 대단한 노력이 아니고서는 잘 살 수 없다는 것을 기억하자.

* 중국 상품 중에는 가짜가 많다.

중국에서 물건을 살 때 또 하나 반드시 주의해야 할 점은 가짜 상품이 많다는 것이다. 일단 다른 곳보다 싸다고 생각되어 무심코 사 버리면 나중에 자세히 보면 진짜 상품을 모방하여 만든 것임을 여기저기에서 쉽게 찾아볼 수 있다. 중국에서는 물건을 싸게 사는 것도 잘사는 요령 중의 하나지만 이때는 자칫하면 가짜 상품을 사게 되는 위험도 있으므로 주의한다. 결국 가짜 상품에 속지 않으려면 가격은 다른 곳에 비해서 조금 비싸지만, 외국인 전용 상점이나 백화점 혹은 국영상점 등에서 사는 것이 가장 안전하다.

休闲时间

1 워시앙따 왕치우.
我想打网球。
wǒ xiǎng dǎ wǎng qiú

2 칭께이워 위위에 까오얼푸치우.
请给我预约高尔夫球。
qǐng gěi wǒ yù yuē gāo ěr fū qiú

3 진티엔 커이 삐싸이마?
今天可以比赛吗?
jīn tiān kě yǐ bǐ sài ma

4 워시앙 화쉬에.
我想滑雪。
wǒ xiǎng huá xuě

5 후아쉬에용쥐 짜이날 커이지에?
滑雪用具在哪儿可以借?
huá xuě yòng jù zài nǎ er kě yǐ jiè

6 후아쉬에성지앙지 짜이나리?
滑雪升降机在哪里?
huá xuě shēng jiàng jī zài nǎ lǐ

7 싱리 짜이날 바오꾸안?
行李在哪儿保管?
xíng lǐ zài nǎ er bǎo guǎn

레저를 즐길 때

① 테니스를 하고 싶은데요.
teniseureul hago sipeundeyo.

② 골프 예약을 부탁합니다.
golpeu yeyageul butakamnida.

③ 오늘 플레이할 수 있습니까?
oneul peulleihal su itseumnikka?

④ 스키를 하고 싶은데요.
seukireul hago sipeundeyo.

⑤ 스키용품은 어디서 빌릴 수 있나요?
seukiyongpumeun eodiseo billil su innayo?

⑥ 리프트 승강장은 어디인가요?
ripeuteu seunggangjangeun eodiingayo?

⑦ 짐은 어디에 보관하나요?
jimeun eodie bogwanhanayo?

娱乐

1 여우 하오 예종후이마?
有好夜总会吗?
yǒu hǎo yè zǒng huì ma

2 넝께이워 리우타이 진더쭤웨이마?
能给我离舞台近的座位吗?
néng gěi wǒ lí wǔ tái jìn de zuò wèi ma

3 넝허워이치 탸오우마?
能和我一起跳舞吗?
néng hé wǒ yī qǐ tiào wǔ ma

4 저푸진 여우카라오케마?
这附近有卡拉OK吗?
zhè fù jìn yǒu kǎ lā ma

5 후안잉꾸앙린. 지웨이?
欢迎光临,几位?
huān yíng guāng lín jǐ wèi

6 여우 한궈꺼마?
有韩国歌吗?
yǒu hán guó gē ma

7 닌창더 전하오.
您唱的真好。
nín chàng de zhēn hǎo

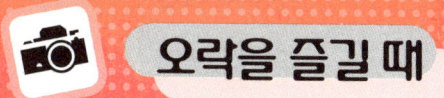

오락을 즐길 때

❶ 좋은 나이트클럽은 있나요?
joeun naiteukeulleobeun innayo?

❷ 무대 근처 자리로 주시겠어요?
mudae geuncheo jariro jusigesseoyo?

❸ 함께 춤추시겠어요?
hamkke chumchusigesseoyo?

❹ 근처에 가라오케는 있습니까?
geuncheoe garaokeneun itseumnikka?

❺ 어서 오십시오. 몇 분이십니까?
eoseo osipsio. myeot bunisimnikka?

❻ 한국 노래는 있습니까?
hanguk noraeneun itseumnikka?

❼ 노래를 잘 하시는군요.
noraereul jal hasineungunyo.

拍纪念照片

❶ 커이 짜이저리 자오시앙마?
可以在这里照相吗?
kě yǐ zài zhè li zhào xiāng ma

❷ 커이 루시앙마?
可以录像吗?
kě yǐ lù xiàng ma

❸ 커이이치 자오시앙마?
可以一起照相吗?
kě yǐ yì qǐ zhào xiāng ma

❹ 넝허워 자오장시앙마?
能和我照张相吗?
néng hé wǒ zhào zhāng xiāng ma

❺ 칭짜이자오 이장.
请再照一张。
qǐng zài zhào yì zhāng

❻ 꿔허우 바자오피엔 여우지께이닌.
过后把照片邮寄给您。
guò hòu bǎ zhào piàn yóu jì gěi nín

❼ 칭바 디즈 시에짜이쩌리.
请把地址写在这里。
qǐng bǎ dì zhǐ xiě zài zhè li

기념사진을 찍을 때

❶ 여기서 사진을 찍어도 됩니까?
yeogiseo sajineul jjigeodo doemnikka?

❷ 비디오 촬영을 해도 됩니까?
bidio chwaryeongeul haedo doemnikka?

❸ 함께 사진을 찍으시겠습니까?
hamkke sajineul jjigeusigetseumnikka?

❹ 사진 좀 찍어 주시겠어요?
sajin jom jjigeo jusigesseoyo?

❺ 한 장 더 부탁합니다.
han jang deo butakamnida.

❻ 나중에 사진을 보내드리겠습니다.
najunge sajineul bonaedeurigetseumnida.

❼ 주소를 여기서 적어 주십시오.
jusoreul yeogiseo jeogeo jusipsio.

观览的时候·2

① 여우지에사오 꽌네이더 지에슈오위엔마?

有介绍馆内的解说员吗?
yǒu jiè shào guǎn nèi de jiě shuō yuán ma

② 저화스 쉐이화더?

这画是谁画的?
zhè huà shì shéi huà de

③ 나거보우꾸안 진티엔카이마?

那个博物馆今天开吗?
nà ge bó wù guǎn jīn tiān kāi ma

④ 여우메이여우 지티따저?

有没有集体打折?
yǒu méi yǒu jí tǐ dǎ zhé

⑤ 커이 짜이루네이마?

可以再入内吗?
kě yǐ zài rù nèi ma

⑥ 커이 찬꾸안 리미엔마?

可以参观里面吗?
kě yǐ cān guān lǐ miàn ma

⑦ 추커우 짜이날?

出口在哪儿?
chū kǒu zài nǎr

관람을 할 때·2

1 관내를 안내할 가이드는 있습니까?
gwannaereul annaehal gaideuneun itseumnikka?

2 이 그림은 누가 그렸습니까?
i geurimeun nuga geuryeotseumnikka?

3 그 박물관은 오늘 엽니까?
geu bangmulgwaneun oneul yeomnikka?

4 단체할인은 있나요?
dancheharineun innayo?

5 재입관할 수 있습니까?
jaeipgwanhal su itseumnikka?

6 내부를 견학할 수 있습니까?
naebureul gyeonhakal su itseumnikka?

7 출구는 어디입니까?
chulguneun eodiimnikka?

观览的时候 · 1

① 먼퍄오 짜이날마이?

门票在哪儿买?
mén piào zài nǎ er mǎi

② 루창취엔 뚸사오치엔?

入场券多少钱?
rù chǎng quàn duō shǎo qián

③ 칭께이워 리앙장 청런퍄오.

请给我两张成人票。
qǐng gěi wǒ liǎng zhāng chéng rén piào

④ 여우 투안티퍄오 따저마?

有团体票打折吗?
yǒu tuán tǐ piào dǎ zhé ma

⑤ 융저거퍄오 커이칸 쉬여우잔란마?

用这个票可以看所有展览吗?
yòng zhè ge piào kě yǐ kàn suǒ yǒu zhǎn lǎn ma

⑥ 여우미엔페이더 쌰오처즈마?

有免费的小册子吗?
yǒu miǎn fèi de xiǎo cè zi ma

⑦ 워시앙 춘싱리.

我想存行李。
wǒ xiǎng cún xíng lǐ

PART 5 관광

관람을 할 때·1

1 티켓은 어디서 삽니까?
tikeseun eodiseo samnikka?

2 입장료는 얼마입니까?
ipjangnyoneun eolmaimnikka?

3 어른 2장 주세요.
eoreun dujang juseyo.

4 단체할인은 있습니까?
dancheharineun itseumnikka?

5 이 티켓으로 모든 전시를 볼 수 있습니까?
i tikeseuro modeun jeonsireul bol su itseumnikka?

6 무료 팸플릿은 있습니까?
muryo paempeulliseun itseumnikka?

7 짐을 맡아 주세요.
jimeul mata juseyo.

观光的时候 · 2

1 쉐이 주꿔?
谁住过?
shéi zhù guo

2 선머스허우 지엔더?
什么时候建的?
shén me shí hou jiàn de

3 밍신피엔 짜이날마이?
明信片在哪儿买?
míng xìn piàn zài nǎ er mǎi

4 여우 밍신피엔마?
有明信片吗?
yǒu míng xìn piàn ma

5 지니엔핀띠엔 짜이날?
纪念品店在哪儿?
jì niàn pǐn diàn zài nǎ er

6 선머지니엔핀 서우후안잉?
什么纪念品受欢迎?
shén me jì niàn pǐn shòu huān yíng

7 스저거보우꾸안더 위엔스셔우창핀마?
是这个博物馆的原始收藏品吗?
shì zhè gè bó wù guǎn de yuán shǐ shōu cáng pǐn ma

관광을 할 때·2

1 누가 여기 살았습니까?
nuga yeogi saratseumnikka?

2 언제 세워졌습니까?
eonje sewojeotseumnikka?

3 엽서는 어디서 삽니까?
yeopseoneun eodiseo samnikka?

4 엽서는 있습니까?
yeopseoneun itseumnikka?

5 기념품 가게는 어디에 있습니까?
ginyeompum gageneun eodie itseumnikka?

6 기념품으로 인기 있는 것은 무엇입니까?
ginyeompumeuro ingi inneun geoseun mueosimnikka?

7 이 박물관의 오리지널 상품입니까?
i bangmulgwanui orijineol sangpumimnikka?

观光的时候 · 1

1 나스 선머?
那是什么?
nà shì shén me

2 리저리 여우뚸위엔?
离这里有多远?
lí zhè lǐ yǒu duō yuǎn

3 여우 뚸사오스지엔?
有多少时间?
yǒu duō shǎo shí jiān

4 여우 즈여우스지엔마?
有自由时间吗?
yǒu zì yóu shí jiān ma

5 야오지디엔종 후이따오처리?
要几点钟回到车里?
yào jǐ diǎn zhōng huí dào chē lǐ

6 잔왕타이 쩐머상취?
展望台怎么上去?
zhǎn wàng tái zěn me shàng qù

7 나지엔주우 스선머?
那建筑物是什么?
nà jiàn zhù wù shì shén me

관광을 할 때·1

① 저것은 무엇입니까?
jeogeoseun mueosimnikka?

② 여기서 얼마나 머뭅니까?
yeogiseo eolmana meomumnikka?

③ 시간은 어느 정도 있습니까?
siganeun eoneu jeongdo itseumnikka?

④ 자유시간은 있나요?
jayusiganeun innayo?

⑤ 몇 시에 버스로 돌아오면 됩니까?
myeot sie beoseuro doraomyeon doemnikka?

⑥ 전망대는 어떻게 오릅니까?
jeonmangdaeneun eotteoke oreumnikka?

⑦ 저 건물은 무엇입니까?
jeo geonmureun mueosimnikka?

观光团·旅游

1 떠우여우 선머꽌구앙투안?

 都有什么观光团?
 dōu yǒu shén me guān guǎng tuán

2 여우 예지엔투안마?

 有夜间团吗?
 yǒu yè jiān tuán ma

3 뤼여우쉬야오 지거쌰오스?

 旅游需要几个小时?
 lǚ yóu xū yào jǐ ge xiǎo shí

4 지디엔종 추파?

 几点钟出发?
 jǐ diǎn zhōng chū fā

5 자이날 추파?

 在哪儿出发?
 zài nǎ r chū fā

6 여우 한궈따오여우마?

 有韩国导游吗?
 yǒu hán guó dǎo yóu ma

7 쟈치엔 스뚸사오?

 价钱是多少?
 jià qián shì duō shǎo

PART 5 관광

161

투어를 이용할 때

1 어떤 투어가 있습니까?
eotteon tueoga itseumnikka?

2 야간관광은 있습니까?
yagangwangwangeun itseumnikka?

3 투어는 몇 시간 걸립니까?
tueoneun myeot sigan geollimnikka?

4 몇 시에 출발합니까?
myeot sie chulbalhamnikka?

5 어디서 출발합니까?
eodiseo chulbalhamnikka?

6 한국어 가이드는 있나요?
hangugeo gaideuneun innayo?

7 요금은 얼마입니까?
yogeumeun eolmaimnikka?

在观光询问处 · 2

1 자이저리 커이마이퍄오마?

在这里可以买票吗?
zài zhè lǐ kě yǐ mǎi piào ma

2 여우 따저퍄오마?

有打折票吗?
yǒu dǎ zhé piào ma

3 시엔자이 여우선머지에르마?

现在有什么节日吗?
xiàn zài yǒu shén me jié rì ma

4 리저리 위엔마?

离这里远吗?
lí zhè lǐ yuǎn ma

5 총저리 커이저우저취마?

从这里可以走着去吗?
cóng zhè lǐ kě yǐ zǒu zhe qù ma

6 라이후이쉬야오 뚜어창스지엔?

来回需要多长时间?
lái huí xū yào duō cháng shí jiān

7 넝 쭤처취마?

能坐车去吗?
néng zuò chē qù ma

관광안내소에서 · 2

❶ 여기서 표를 살 수 있습니까?
yeogiseo pyoreul sal su itseumnikka?

❷ 할인 티켓은 있나요?
harin tikeseun innayo?

❸ 지금 축제는 하고 있나요?
jigeum chukjeneun hago innayo?

❹ 여기서 멉니까?
yeogiseo meomnikka?

❺ 여기서 걸어서 갈 수 있습니까?
yeogiseo georeoseo gal su itseumnikka?

❻ 왕복으로 어느 정도 시간이 걸립니까?
wangbogeuro eoneu jeongdo sigani geollimnikka?

❼ 버스로 갈 수 있습니까?
beoseuro gal su itseumnikka?

在观光询问处·1

① 꽌구앙지에사오쉬 짜이나리?

观光介绍所在哪里?
guān guāng jiè shào suǒ zài nǎ lǐ

② 여우저거청스더 꽌구앙지에사오원마?

有这个城市的观光介绍文吗?
yǒu zhè ge chéng shì de guān guāng jiè shào wén ma

③ 여우미엔페이 스네이디투마?

有免费市内地图吗?
yǒu miǎn fèi shì nèi dì tú ma

④ 칭께이워 꽌구앙디투.

请给我观光地图。
qǐng gěi wǒ guān guāng dì tú

⑤ 넝까오수워 하오칸더 꽌구앙찡띠엔마?

能告诉我好看的观光景点吗?
néng gào sù wǒ hǎo kàn de guān guāng jǐng diǎn ma

⑥ 이르여우 취나리 하오너?

一日游去哪里好呢?
yí rì yóu qù nǎ lǐ hǎo ne

⑦ 즈따오 선머디팡 징서하오마?

知道什么地方景色好吗?
zhī dào shén me dì fāng jǐng sè hǎo ma

관광안내소에서 · 1

① 관광안내소는 어디에 있습니까?
gwangwangannaesoneun eodie itseumnikka?

② 이 도시의 관광안내 팸플릿이 있습니까?
i dosiui gwangwangannae paempeullisi itseumnikka?

③ 무료 시내지도는 있습니까?
muryo sinaejidoneun itseumnikka?

④ 관광지도를 주십시오.
gwangwangjidoreul jusipsio.

⑤ 여기서 볼 만한 곳을 가르쳐 주시겠어요?
yeogiseo bol manhan goseul gareucheo jusigesseoyo?

⑥ 당일치기로 어디에 갈 수 있습니까?
dangilchigiro eodie gal su itseumnikka?

⑦ 경치가 좋은 곳을 아십니까?
gyeongchiga joeun goseul asimnikka?

PART 5

관광
观光

관광안내소에서
투어를 이용할 때
관광을 할 때
관람을 할 때
기념사진을 찍을 때
오락을 즐길 때
스포츠를 즐길 때

관광 가이드 ➡➡➡➡

北京

북경은 도시 전체가 박물관이라고 일컬어지는 3000년 역사의 6개 조대의 고도(古都)이며 중국의 수도이다. 이 도시에는 기세가 웅위로운 만리장성, 웅장하고 화려한 천안문, 정교하게 축조된 천단, 금빛 찬란한 자금성, 산수가 아름다운 이화원, 신비로운 명13릉, 안개가 자욱한 북해공원, 그리고 라마교 유람 승지인 옹화궁 등이 있다.

대표적인 번화가로는 우리의 명동이라 할 수 있는 왕푸징(王府井) 거리를 들 수 있다. 관광지 외에 북경에서 꼭 감상해야 할 것이 있다면, 경극과 북경오리구이일 것이다. 오리구이는 전취덕이라는 곳이 유명하며, 경극을 감상하며 차와 간식을 주는 극장도 있다.

'날씨만 제외하고는 중국에서 가장 좋은 것은 모두 북경에 있다'는 말이 있을 정도로 북경에는 중국에서 가장 좋은 것들이 모여 있다. 중국 최고의 호텔과 식당이 있고 가장 편리한 교통수단이 구비되어 있다. 자연적인 풍치만 따진다면 북경보다 뛰어난 곳이 많지만, 역사적인 유산을 가장 많이 보유하고 있는 곳은 역시 북경이다.

만리장성

算帐的时候

① 페이창 하오츠.
非常好吃。
fēi cháng hǎo chī

② 짜이날 즈푸?
在哪儿支付?
zài nǎ r zhī fù

③ 시앙펀카이 즈푸.
想分开支付。
xiǎng fēn kāi zhī fù

④ 워푸.
我付。
wǒ fù

⑤ 신융카 커이마?
信用卡可以吗?
xìn yòng kǎ kě yǐ ma

⑥ 칭 지에장.
请结帐。
qǐng jié zhàng

⑦ 저거페이용 스선머?
这个费用是什么?
zhè ge fèi yòng shì shén me

식비를 계산할 때

1 매우 맛있었습니다.
maeu masisseotseumnida.

2 어디서 지불하나요?
eodiseo jibulhanayo?

3 따로따로 지불하고 싶은데요.
ttarottaro jibulhago sipeundeyo.

4 제가 내겠습니다.
jega naegetseumnida.

5 신용카드도 받나요?
sinyongkadeudo bannayo?

6 계산해 주세요.
gyesanhae juseyo.

7 이 요금은 무엇입니까?
i yogeumeun mueosimnikka?

利用快餐的时候

1 저푸진 여우콰이찬띠엔마?

这附近有快餐店吗?
zhè fù jìn yǒu kuài cān diàn ma

2 칭께이워 한빠오허카페이.

请给我汉宝和咖啡。
qǐng gěi wǒ hàn bǎo hé kā fēi

3 칭께이워 저거.

请给我这个。
qǐng gěi wǒ zhè ge

4 칭빠저거 팡진 산밍즈리.

请把这个放进三明治里。
qǐng bǎ zhè ge fàng jìn sān míng zhì lǐ

5 짜이저리츠 하이스따이저우?

在这里吃还是带走?
zài zhè lǐ chī hái shì dài zǒu

6 짜이저리 츠.

在这里吃。
zài zhè lǐ chī

7 따이저우.

带走。
dài zǒu

패스트푸드점을 이용할 때

① 이 근처에 패스트푸드점은 있습니까?
i geuncheoe paeseuteupudeujeomeun itseumnikka?

② 햄버거하고 커피 주시겠어요?
haembeogeohago keopi jusigesseoyo?

③ 이것을 주세요.
igeoseul juseyo.

④ (재료를 가리키며) 이것을 샌드위치에 넣어 주세요.
igeoseul saendeuwichie neoeo juseyo.

⑤ 여기서 드시겠습니까, 아니면 가지고 가실 겁니까?
yeogiseo deusigetseumnikka, animyeon gajigo gasil geomnikka?

⑥ 여기서 먹겠습니다.
yeogiseo meokgetseumnida.

⑦ 가지고 갈 거예요.
gajigo gal geoyeyo.

餐厅里发生问题的时候

① 디엔더차이 하이메이추라이.
点的菜还没出来。
diǎn de cài hái méi chū lái

② 넝 콰이디엔마?
能快点吗?
néng kuài diǎn ma

③ 메이디엔 저거차이.
没点这个菜。
méi diǎn zhè ge cài

④ 시앙취샤오 쒀디엔더.
想取消所点的。
xiǎng qǔ xiāo suǒ diǎn de

⑤ 넝후안이샤 쒀띠엔더차이마?
能换一下所点的菜吗?
néng huàn yí xià suǒ diǎn de cài ma

⑥ 칭께이워 후안신더.
请给我换新的。
qǐng gěi wǒ huàn xīn de

⑦ 탕리 여우선머똥시.
汤里有什么东西。
tāng lǐ yǒu shén me dōng xī

식당에서 문제가 생겼을 때

❶ 주문한 게 아직 안 나왔습니다.
jumunhan ge ajik an nawatseumnida.

❷ 조금 서둘러 주겠어요?
jogeum seodulleo jugesseoyo?

❸ 이건 주문하지 않았는데요.
igeon jumunhaji ananneundeyo.

❹ 주문을 취소하고 싶은데요.
jumuneul chwisohago sipeundeyo.

❺ 주문을 바꿔도 되겠습니까?
jumuneul bakkwodo doegetseumnikka?

❻ 새 것으로 바꿔 주세요.
sae geoseuro bakkwo juseyo.

❼ 수프에 뭐가 들어있습니다.
supeue mwoga deureoitseumnida.

喝饮料和酒的时候 · 2

❶ 스 선머지우?
是什么酒？
shì shén me jiǔ

❷ 쉬야오 칭이디엔더지우.
需要轻一点的酒。
xū yào qīng yì diǎn de jiǔ

❸ 피져우 뿌량.
啤酒不凉。
pí jiǔ bú liáng

❹ 깐뻬이!
干杯！
gān bēi

❺ 칭자이께이 이뻬이.
请再给一杯。
qǐng zài gěi yì bēi

❻ 칭짜이라이 이핑.
请再来一瓶。
qǐng zài lái yì píng

❼ 칭라이이핑 쿠앙취엔수이.
请来一瓶矿泉水。
qǐng lái yī píng kuàng quán shuǐ

술과 음료를 마실 때·2

❶ 어떤 술입니까?
eotteon surimnikka?

❷ 가벼운 술이 좋겠습니다.
gabyeoun suri joketseumnida.

❸ 맥주가 별로 차갑지 않네요.
maekjuga byeollo chagapji anneyo.

❹ 건배!
geonbae!

❺ 한 잔 더 주세요.
han jan deo juseyo.

❻ 한 병 더 주세요.
han byeong deo juseyo.

❼ 생수 좀 주세요.
saengsu jom juseyo.

喝饮料和酒的时候 · 1

❶ 여우자피마?
有扎啤吗?
yǒu zhá pí ma

❷ 융찬즈치엔 쉬야오 허선머인랴요?
用餐之前需要喝什么饮料?
yòng cān zhī qián xū yào hē shén me yǐn liào

❸ 스 저디팡더 터서져우마?
是这地方的特色酒吗?
shì zhè dì fang de tè sè jiǔ ma

❹ 떠우여우 선머피져우?
都有什么啤酒?
dōu yǒu shén me pí jiǔ

❺ 쉬야오 선머인랴오?
需要什么饮料?
xū yào shén me yǐn liào

❻ 넝께이워 수이마?
能给我水吗?
néng gěi wǒ shuǐ ma

❼ 여우선머 넝츠더마?
有什么能吃的吗?
yǒu shén me néng chī de ma

PART 4 식사

술과 음료를 마실 때·1

❶ 생맥주는 있습니까?
saengmaekjuneun itseumnikka?

❷ 식사하기 전에 무슨 마실 것을 드릴까요?
siksahagi jeone museun masil geoseul deurilkkayo?

❸ 이 지방의 독특한 술입니까?
i jibangui dokteukan surimnikka?

❹ 어떤 맥주가 있습니까?
eotteon maekjuga itseumnikka?

❺ 음료는 어떻게 하시겠습니까?
eumnyoneun eotteoke hasigetseumnikka?

❻ 물만 주시겠어요?
mulman jusigesseoyo?

❼ 무슨 먹을 것은 없습니까?
museun meogeul geoseun eopseumnikka?

吃饭的时候

1 저거쩐머츠?
这个怎么吃?
zhè gè zěn me chī

2 저따오차이더위엔랴오 스선머?
这道菜的原料是什么?
zhè dào cài de yuán liào shì shén me

3 칭께이워 이뻬이수이.
请给我一杯水。
qǐng gěi wǒ yi bēi shuǐ

4 넝께이워디엔 옌마?
能给我点盐吗?
néng gěi wǒ diǎn yán ma

5 콰이즈땨오자이 디샹러.
筷子掉在地上了。
kuài zi diào zài dì shàng le

6 칭짜이쟈디엔.
请再加点。
qǐng zài jiā diǎn

7 넝셔우스이샤 저거마?
能收拾一下这个吗?
néng shōu shí yí xià zhè ge ma

식사를 할 때

① 이건 어떻게 먹으면 됩니까?
igeon eotteoke meogeumyeon doemnikka?

② 요리재료는 뭡니까?
yorijaeryoneun mwomnikka?

③ 물 한 잔 주세요.
mul han jan juseyo.

④ 소금 좀 갖다 주시겠어요?
sogeum jom gatda jusigesseoyo?

⑤ 젓가락을 떨어뜨려버렸습니다.
jeotgarageul tteoreo2tteuryeobeoryeotseumnida.

⑥ ~을 추가로 부탁합니다.
~eul chugaro butakamnida.

⑦ 이걸 치워주시겠어요?
igeol chiwojusigesseoyo?

点菜的时候 · 2

① 예칭께이워 이양더.
也请给我一样的。
yě qǐng gěi wǒ yí yàng de

② 여우콰이이디엔더마?
有快一点的吗?
yǒu kuài yì diǎn de ma

③ 넝께이워 허나거이양더차이마?
能给我和那个一样的菜吗?
néng gěi wǒ hé nà ge yí yàng de cài ma

④ 저스 선머차이?
这是什么菜?
zhè shì shén me cài

⑤ 수차이여우 나씨에?
素菜有哪些?
sù cài yǒu nǎ xiē

⑥ 하이쉬야오 삐에더차이마?
还需要别的菜吗?
hái xū yào bié de cài ma

⑦ 시앙야오선머 찬허우디엔신?
想要什么餐后点心?
xiǎng yào shén me cān hòu diǎn xīn

식사를 주문할 때·2

❶ 저도 같은 것으로 주세요.
Jeodo gateun geoseuro juseyo.

❷ 빨리 되는 것은 있습니까?
ppalli doeneun geoseun itseumnikka?

❸ 저것과 같은 요리를 주시겠어요?
jeogeotgwa gateun yorireul jusigesseoyo?

❹ 이것은 무슨 요리입니까?
igeoseun museun yoriimnikka?

❺ 야채요리에는 어떤 것이 있습니까?
yachaeyorieneun eotteon geosi itseumnikka?

❻ 다른 주문은 없으십니까?
dareun jumuneun eopseusimnikka?

❼ 디저트는 어떻게 하시겠습니까?
dijeoteuneun eotteoke hasigetseumnikka?

点菜的时候 · 1

❶ 디엔 선머차이?
点什么菜?
diǎn shén me cài

❷ 칭사오덩.
请稍等。
qǐng shāo děng

❸ 푸우위엔, 디엔차이.
服务员,点菜。
fú wù yuán diǎn cài

❹ 워야오 디엔저거.
我要点这个。
wǒ yào diǎn zhè ge

❺ 저리더 나셔우하오차이 스선머?
这里的拿手好菜是什么?
zhè lǐ de ná shǒu hǎo cài shì shén me

❻ 진티엔더터삐에랴오리 스선머?
今天的特别料理是什么?
jīn tiān de tè bié liào lǐ shì shén me

❼ 칭께이워저거 허저거.
请给我这个和这个。
qǐng gěi wǒ zhè ge hé zhè ge

식사를 주문할 때·1

① 주문하시겠습니까?
jumunhasigetseumnikka?

② 잠깐 기다려 주세요.
jamkkan gidaryeo juseyo.

③ 웨이터, 주문받으세요.
weiteo, jumunbadeuseyo.

④ 이것으로 부탁합니다.
igeoseuro butakamnida.

⑤ 여기서 잘하는 요리는 무엇입니까?
yeogiseo jalhaneun yorineun mueosimnikka?

⑥ 오늘 특별 요리가 있습니까?
oneul teukbyeol yoriga itseumnikka?

⑦ (메뉴를 가리키며) 이것과 이것으로 주세요.
igeotgwa igeoseuro juseyo.

进入餐厅的时候

1 닌하오, 위위에러마?
您好，预约了吗?
nín hǎo　yù yuē le ma

2 메이여우위위에.
没有预约。
méi yǒu yù yuē

3 지웨이?
几位?
jǐ wèi

4 칭사오덩, 이후얼 여우런후이라이 자오후닌.
请稍等，一会儿有人会来招呼您。
qǐng shāo děng　yí huìr yǒu rén huì lái zhāo hū nín

5 칭께이워 칸차이딴.
请给我看菜单。
qǐng gěi wǒ kàn cài dān

6 여우한궈위차이딴마?
有韩国语菜单吗?
yǒu hán guó yǔ cài dān ma

7 넝칭닌 짜이라이이츠마?
能请您再来一次吗?
néng qǐng nín zài lái yí cì ma

식당에 들어섰을 때

① 안녕하세요. 예약은 하셨습니까?
annyeonghaseyo. yeyageun hasyeotseumnikka?

② 예약을 하지 않았습니다.
yeyageul haji anatseumnida.

③ 몇 분이십니까?
myeot bunisimnikka?

④ 안내해드릴 때까지 기다려 주십시오.
annaehaedeuril ttaekkaji gidaryeo jusipsio.

⑤ 메뉴 좀 보여 주세요.
menyu jom boyeo juseyo.

⑥ 한국어 메뉴는 있습니까?
hangugeo menyuneun itseumnikka?

⑦ 나중에 다시 오실래요?
najunge dasi osillaeyo?

预订餐厅的时候

① 시앙진티엔완상 위위에.

想今天晚上预约。
xiǎng jīn tiān wǎn shàng yù yuē

---

② 지웨이커런?

几位客人?
jǐ wèi kè rén

---

③ 워시왕 취엔티쭤자이이치.

我希望全体坐在一起。
wǒ xī wàng quán tǐ zuò zài yì qǐ

---

④ 날 쩐머취?

那儿怎么去?
nà r zěn me qù

---

⑤ 쭈이하오 지디엔종?

最好几点钟?
zuì hǎo jǐ diǎn zhōng

---

⑥ 지디엔종 여우웨이즈?

几点中有位子?
jǐ diǎn zhōng yǒu wèi zǐ

---

⑦ 뚜이부치 워시앙 취샤오위딩.

对不起我想取消预定。
duì bu qǐ wǒ xiǎng qǔ xiāo yù dìng

135

식당을 예약할 때

① 오늘밤 예약하고 싶은데요.
oneulbam yeyakago sipeundeyo.

② 손님은 몇 분이십니까?
sonnimeun myeot bunisimnikka?

③ 전원 같은 자리로 해 주세요.
jeonwon gateun jariro hae juseyo.

④ 거기는 어떻게 갑니까?
geogineun eotteoke gamnikka?

⑤ 몇 시라면 좋으시겠습니까?
myeot siramyeon joeusigetseumnikka?

⑥ 몇 시라면 자리가 납니까?
myeot siramyeon jariga namnikka?

⑦ 미안합니다. 예약을 취소하고 싶습니다.
mianhamnida. yeyageul chwisohago sipseumnida.

找餐厅的时候

① 저푸진 여우 터삐에 하오츠더 판띠엔마?
这附近有特别好吃的饭店吗?
zhè fù jìn yǒu tè bié hǎo chī dè fàn diàn ma

② 저리 여우한궈판띠엔마?
这里有韩国饭店吗?
zhè li yǒu hán guó fàn diàn ma

③ 워시앙츠 저디팡더터서차이.
我想吃这地方的特色菜。
wǒ xiǎng chī zhè dì fāng dè tè sè cai

④ 시앙 수이삐엔츠띠엔뚱시.
想随便吃点东西。
xiǎng suí biàn chī diǎn dōng xī

⑤ 판띠엔뚸더디팡스날?
饭店多的地方是哪儿?
fàn diàn duō dè dì fang shì nǎ r

⑥ 여우메이여우 저거디팡더런 창취더판띠엔?
有没有这个地方的人常去的饭店?
yǒu méi yǒu zhè gè dì fāng dè rén cháng qù dè fàn diàn

⑦ 쉬야오 위딩마?
需要预定吗?
xū yào yù dìng ma

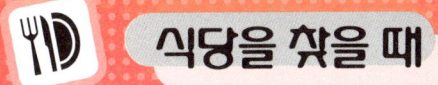

1 이 근처에 맛있게 하는 음식점은 없습니까?
i geuncheoe masitge haneun eumsikjeomeun eopseumnikka?

2 이곳에 한국 식당은 있습니까?
igose hanguk sikdangeun itseumnikka?

3 이 지방의 명물요리를 먹고 싶은데요.
i jibangui myeongmuryorireul meokgo sipeundeyo.

4 가볍게 식사를 하고 싶은데요.
gabyeopge siksareul hago sipeundeyo.

5 식당이 많은 곳은 어디입니까?
sikdangi maneun goseun eodiimnikka?

6 이곳 사람들이 많이 가는 식당은 있습니까?
igot saramdeuri mani ganeun sikdangeun itseumnikka?

7 예약이 필요한가요?
yeyagi piryohangayo?

PART 4

식사
饭食

식당을 찾을 때
식당을 예약할 때
식당에 들어섰을 때
식사를 주문할 때
식사를 할 때
술과 음료를 마실 때
식당에서 문제가 생겼을 때
패스트푸드점을 이용할 때
식비를 계산할 때

식사 가이드 → → →

◆중국의 여러 가지 요리

중국의 요리는 전국적으로 여러 계통이 있지만, 그중에서도 유명한 것이 4대 요리이다. 광둥성을 중심으로 남쪽지방에서 발달한 광둥요리와 쓰촨성을 중심으로 산악지대의 풍토에 영향을 받은 쓰촨요리, 황허 하류의 평야 지대를 중심으로 발달하여 상하이로 대표되는 상하이요리, 수도인 베이징의 고도를 중심으로 궁정요리가 발달한 베이징요리 등이다. 그밖에 지방마다 특색있는 요리가 있어 그 종류만 하더라도 헤아릴 수 없이 많은 것이 중국음식이다.

궁정요리(宮廷料理)
쓰촨요리(四川料理)
광둥요리(广东料理)
산둥요리(山东料理)
정진요리(精进料理)
약선요리(药膳料理)

◀ 쓰촨요리(四川料理)

开车的时候 · 2

❶ 칭쟈만.
请加满。
qǐng jiā mǎn

❷ 짜이저리팅처 예커이마?
在这里停车也可以吗?
zài zhè lǐ tíng chē yě kě yǐ ma

❸ 처메이여우 띠엔츠러.
车没有电池了。
chē méi yǒu diàn chí le

❹ 룬타이 파오마오러.
轮胎抛锚了。
lún tāi pāo máo le

❺ 처 취똥뿌랴오.
车启动不了。
chē qǐ dòng bù liǎo

❻ 사처 뿌링.
刹车不灵。
shā chē bù líng

❼ 넝시우마?
能修吗?
néng xiū ma

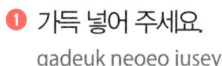

① 가득 넣어 주세요.
gadeuk neoeo juseyo.

② 여기에 주차해도 됩니까?
yeogie juchahaedo doemnikka?

③ 배터리가 떨어졌습니다.
baeteoriga tteoreojeotseumnida.

④ 펑크가 났습니다.
peongkeuga natseumnida.

⑤ 시동이 걸리지 않습니다.
sidongi geolliji anseumnida.

⑥ 브레이크가 잘 안 듣습니다.
beureikeuga jal an deutseumnida.

⑦ 고칠 수 있습니까?
gochil su itseumnikka?

开车的时候 · 1

① 칭까오수워 진지리엔뤄 디즈?
请告诉我紧急联络地址。
qǐng gào sù wǒ jǐn jí lián luò dì zhǐ

② 칭께이워 루청투.
请给我路程图。
qǐng gěi wǒ lù chéng tú

③ 상하이 야오왕나리쩌우?
上海要往哪里走?
shàng haǐ yào wǎng nǎ lǐ zǒu

④ 지엔즈쩌우, 하이스 왕줘쩌우?
简直走，还是往左走?
jiǎn zhí zǒu   hái shì wǎng zuǒ zǒu

⑤ 쮜처따오 상하이 뚸창스지엔?
坐车到上海多长时间?
zuò chē dào shàng haǐ duō cháng shí jiān

⑥ 쭈이진더 스즈루커우 스나리?
最近的十字路口是哪里?
zuì jìn dé shí zì lù kǒu shì nǎ lǐ

⑦ 저푸진 여우 쟈여우잔마?
这附近有加油站吗?
zhè fù jìn yǒu jiā yóu zhàn ma

자동차를 운전할 때·1

❶ 긴급연락처를 알려 주시겠어요?
gingeubyeollakcheoreul allyeo jusigesseoyo?

❷ 도로지도를 주십시오.
dorojidoreul jusipsio.

❸ 상해는 어느 길로 가면 됩니까?
sanghaeneun eoneu gillo gamyeon doemnikka?

❹ 곧장입니까, 아니면 왼쪽입니까?
gotjangimnikka, animyeon oenjjogimnikka?

❺ 차로 상해는 어느 정도 걸립니까?
charo sanghaeneun eoneu jeongdo geollimnikka?

❻ 가장 가까운 교차로는 어디입니까?
gajang gakkaun gyocharoneun eodiimnikka?

❼ 이 근처에 주유소가 있습니까?
i geuncheoe juyusoga itseumnikka?

包车的时候·1

① 시앙 지에 종씽처.
想借中型车。
xiǎng jiè zhōng xíng chē

② 즈넝 카이쯔똥땅.
只能开自动档车。
zhǐ néng kāi zì dòng dàng chē

③ 쉬야오 시엔푸치엔마?
需要先付钱吗?
xū yào xiān fù qián ma

④ 야진스 뚜어사오?
押金是多少?
yà jīn shì duō shǎo

⑤ 이조우더페이융 스뚜어사오?
一周的费用是多少?
yì zhōu de fèi yòng shì duō shǎo

⑥ 여우 터삐에페이융마?
有特别费用吗?
yǒu tè bié fèi yòng ma

⑦ 나거페이융 빠오구아 바오씨엔진마?
那个费用包括保险金吗?
nà ge fèi yòng bāo guā bǎo xiǎn jīn ma

렌터카를 이용할 때·2

❶ 중형차를 빌리고 싶은데요.
junghyeongchareul billigo sipeundeyo.

❷ 오토매틱밖에 운전하지 못합니다.
otomaetikbakke unjeonhaji motamnida.

❸ 선불이 필요합니까?
seonburi piryohamnikka?

❹ 보증금은 얼마입니까?
bojeunggeumeun eolmaimnikka?

❺ 1주간 요금은 얼마입니까?
iljugan yogeumeun eolmaimnikka?

❻ 특별요금은 있습니까?
teukbyeoryogeumeun itseumnikka?

❼ 그 요금에 보험은 포함되어 있습니까?
geu yogeume boheomeun pohamdoeeo itseumnikka?

包车的时候 · 1

1 지에처더디팡 짜이나리?

借车的地方在哪里?
jiè chē de dì fāng zài nǎ lǐ

2 야오카이 뚸창스지엔더처?

要开多长时间的车?
yào kāi duō cháng shí jiān de chē

3 짜이나리 지에즈싱처?

在哪里借自行车?
zài nǎ lǐ jiè zì xíng chē

4 저스워더 꿔지쟈자오.

这是我的国际驾照。
zhè shì wǒ de guó jì jià zhào

5 떠우여우 선머처?

都有什么车?
dōu yǒu shén me chē

6 칭께이워 칸이샤 떠우여우선머처.

请给我看一下都有什么车。
qǐng gěi wǒ kàn í xià dōu yǒu shén me chē

7 시후안 선머양스더처?

喜欢什么样式的车?
xǐ huān shén me yàng shì de chē

렌터카를 이용할 때·1

❶ (공항에서) 렌터카 카운터는 어디에 있습니까?
renteoka kaunteoneun eodie itseumnikka?

❷ 어느 정도 운전할 예정이십니까?
eoneu jeongdo unjeonhal yejeongisimnikka?

❸ 자전거는 어디서 빌릴 수 있습니까?
jajeongeoneun eodiseo billil su itseumnikka?

❹ 이것이 제 국제운전면허증입니다.
igeosi je gukjeunjeonmyeonheojeungimnida.

❺ 어떤 차가 있습니까?
eotteon chaga itseumnikka?

❻ 렌터카 목록을 보여 주시겠어요?
renteoka mongnogeul boyeo jusigesseoyo?

❼ 어떤 타입의 차가 좋으시겠습니까?
eotteon taibui chaga joeusigetseumnikka?

坐飞机的时候 · 2

① 칭따오 진옌씨 통따오.
请到禁烟席通道。
qǐng dào jìn yān xí tōng dào

② 저거싱리 나따오 지네이.
这个行李拿到机内。
zhè ge xíng lǐ ná dào jī nèi

③ 페이용스 뚜어사오?
费用是多少?
fèi yòng shì duō shǎo

④ 야오 총지하오추커우 추취?
要从几号出口出去?
yào cóng jǐ hào chū kǒu chū qù

⑤ 페이지 안위딩 추파마?
飞机按预定出发吗?
fēi jī àn yù dìng chū fā ma

⑥ 워시앙 춘싱리.
我想存行李。
wǒ xiǎng cún xíng lǐ

⑦ 카이스 샹페이지러마?
开始上飞机了吗?
kāi shǐ shàng fēi jī le ma

비행기를 이용할 때·2

❶ 금연석 통로 쪽으로 부탁합니다.
geumyeonseok tongno jjogeuro butakamnida.

❷ 이 짐은 기내로 가지고 갑니다.
i jimeun ginaero gajigo gamnida.

❸ 요금은 어떻게 됩니까?
yogeumeun eotteoke doemnikka?

❹ 몇 번 출구로 나가면 됩니까?
myeot beon chulguro nagamyeon doemnikka?

❺ 비행은 예정대로 출발합니까?
bihaengeun yejeongdaero chulbalhamnikka?

❻ 이 짐을 맡길게요.
i jimeul matgilgeyo.

❼ 탑승이 시작되었나요?
tapseungi sijakdoeeonnayo?

坐飞机的时候 · 1

① 칭께이워 위위에페이지.
请给我预约飞机。
qǐng gěi wǒ yù yuē fēi jī

② 칭께이워딩 자오빤페이지.
请给我订早班飞机。
qǐng gěi wǒ dìng zǎo bān fēi jī

③ 칭께이워딩 완빤페이지.
请给我订晚班飞机。
qǐng gěi wǒ dìng wǎn bān fēi jī

④ 칭까오수워 싱밍허 빤지하오.
请告诉我姓名和班机号。
qǐng gào sù wǒ xìng míng hé bān jī hào

⑤ 종궈 꿔지항콩 셔우쉬빤 자이나리?
中国国际航空手续办在哪里?
zhōng guó guó jì háng kōng shǒu xù bàn zài nǎ lǐ

⑥ 시엔자이 커이 반덩지 셔우쉬마?
现在可以办登机手续吗?
xiàn zài kě yǐ bàn dēng jī shǒu xù ma

⑦ 페이지퍄오 자이셔우리마?
飞机票在手里吗?
fēi jī piào zài shǒu lǐ ma

비행기를 이용할 때·1

❶ 비행기 예약을 부탁합니다.
bihaenggi yeyageul butakamnida.

❷ 일찍 가는 비행기로 부탁합니다.
iljjik ganeun bihaenggiro butakamnida.

❸ 늦게 가는 비행기로 부탁합니다.
neutge ganeun bihaenggiro butakamnida.

❹ 성함과 편명을 말씀하십시오.
seonghamgwa pyeonmyeongeul malsseumhasipsio.

❺ 중국국제항공 카운터는 어디입니까?
junggukgukjehanggong kaunteoneun eodiimnikka?

❻ 지금 체크인할 수 있습니까?
jigeum chekeuinhal su itseumnikka?

❼ 항공권은 가지고 계십니까?
hanggonggwoneun gajigo gyesimnikka?

坐火车的时候·2

❶ 저거훠처 안위딩 추파마?
这个火车按预定出发吗?
zhè ge huǒ chē àn yù dìng chū fā ma

❷ 저스 워더웨이즈.
这是我的位置。
zhè shì wǒ de wèi zhì

❸ 저거웨이즈스 콩더마?
这个位子是空的吗?
zhè ge wèi zi shì kōng de ma

❹ 커이따카이 추앙후마?
可以打开窗户吗?
kě yǐ dǎ kāi chuāng hù ma

❺ 판띠엔처 짜이나리?
饭店车在哪里?
fàn diàn chē zài nǎ lǐ

❻ 야오 방망마?
要帮忙吗?
yào bāng máng ma

❼ 워넝칸 닌더퍄오마?
我能看您的票吗?
wǒ néng kàn nín de piào ma

열차를 이용할 때·2

❶ 이 열차는 예정대로 출발합니까?
i yeolchaneun yejeongdaero chulbalhamnikka?

❷ 거기는 제 자리입니다.
geogineun je jariimnida.

❸ 이 자리는 비어 있나요?
i jarineun bieo innayo?

❹ 창문을 열어도 되겠습니까?
changmuneul yeoreodo doegetseumnikka?

❺ 식당차는 어디에 있습니까?
sikdangchaneun eodie itseumnikka?

❻ (여객전무) 도와 드릴까요?
dowa deurilkkayo?

❼ 표를 보여 주시겠어요?
pyoreul boyeo jusigesseoyo?

坐火车的时候 · 1

1 셔우퍄오추 짜이나리?
售票处在哪里?
shòu piào chù zài nǎ lǐ

2 칭께이워 따오 상하이더 딴청퍄오.
请给我到上海的单程票。
qǐng gěi wǒ dào shàng hǎi dé dān chéng piào

3 위위에추앙커우 짜이나리?
预约窗口在哪里?
yù yuē chuāng kǒu zài nǎ lǐ

4 메이여우 껑자오(완)이디엔더마?
没有更早(晚)一点的吗?
méi yǒu gèng zǎo (wǎn) yì diǎn dé ma

5 메이여우 콰이처마.
没有快车吗?
méi yǒu kuài chē ma

6 저스 따오상하이 더처.
这是到上海的车。
zhè shì dào shàng hǎi dé chē

7 스저거 훠처마?
是这个火车吗?
shì zhè ge huǒ chē ma

열차를 이용할 때·1

❶ 매표소는 어디입니까?
maepyosoneun eodiimnikka?

❷ 상해까지 편도 주세요.
sanghaekkaji pyeondo juseyo.

❸ 예약 창구는 어디입니까?
yeyak changguneun eodiimnikka?

❹ 더 이른(늦은) 열차는 있습니까?
deo ireun(neujeun) yeolchaneun itseumnikka?

❺ 급행열차입니까?
geupaengyeolchaimnikka?

❻ 이건 상해행입니다.
igeon sanghaehaengimnida.

❼ (표를 보여주며) 이 열차 맞습니까?
i yeolcha matseumnikka?

坐地铁的时候·2

① 지엔꿔먼 스디지잔?
建国门是第几站?
jiàn guó mén shì dì jǐ zhàn

② 베이징잔 따오나리 하이여우지잔?
北京站到那里还有几站?
běi jīng zhàn dào nà lǐ hái yǒu jǐ zhàn

③ 시아이잔 스나리?
下一站是哪里?
xià yí zhàn shì nǎ lǐ

④ 저거디티에 짜이베이찡짠 팅마?
这个地铁在北京站停吗?
zhè ge dì tiě zài běi jīng zhàn tíng ma

⑤ 따오 티엔안먼 야오왕날쩌우?
到天安门要往哪儿走?
dào tiān ān mén yào wǎng nǎ r zǒu

⑥ 칭왕 ○○추커우 추취.
请往○○出口出去。
qǐng wǎng　　　chū kǒu chū qù

⑦ 씨엔자이 짜이선머디팡 푸진?
现在在什么地方附近?
xiàn zài zài shén me dì fāng fù jìn

지하철을 이용할 때·2

① 건국문은 몇 번째입니까?
geongungmuneun myeot beonjjaeimnikka?

② 북경역은 몇 번째입니까?
bukgyeongyeogeun myeot beonjjaeimnikka?

③ 다음은 어디입니까?
daeumeun eodiimnikka?

④ 이 지하철은 북경역에 섭니까?
i jihacheoreun bukgyeongyeoge seomnikka?

⑤ 천안문으로 가려면 어디로 나가면 됩니까?
cheonanmuneuro garyeomyeon eodiro nagamyeon doemnikka?

⑥ ○○출구로 나가세요.
○○chulguro nagaseyo.

⑦ 지금 어디 근처입니까?
jigeum eodi geuncheoimnikka?

坐地铁的时候 · 1

① 칭께이워 디티에루시엔투.
请给我地铁路线图。
qǐng gěi wǒ dì tiě lù xiàn tú

② 저푸진여우 디티에잔마?
这附近有地铁站吗?
zhè fù jìn yǒu dì tiě zhàn ma

③ 짜이나리 마이퍄오?
在哪里买票?
zài nǎ lǐ mǎi piào

④ 즈뚱셔우퍄오지 짜이나리?
自动售票机在哪里?
zì dòng shòu piào jī zài nǎ lǐ

⑤ 칭원 취꿍위엔 야오총나거추커우 추취?
请问去公园要从哪个出口出去?
qǐng wèn qù gōng yuán yào cóng nǎ gè chū kǒu chū qù

⑥ 짜이날 후안청?
在哪儿换乘?
zài nǎ r huàn chéng

⑦ 저거처따오꾸꿍마?
这个车到故宫吗?
zhè ge chē dào gù gōng ma

지하철을 이용할 때·1

❶ 지하철 노선도를 주십시오.
jihacheol noseondoreul jusipsio.

❷ 이 근처에 지하철역이 있습니까?
i geuncheoe jihacheoryeogi itseumnikka?

❸ 표는 어디서 삽니까?
pyoneun eodiseo samnikka?

❹ 자동매표기는 어디에 있습니까?
jadongmaepyogineun eodie itseumnikka?

❺ 공원으로 가려면 어디로 나가면 됩니까?
gongwoneuro garyeomyeon eodiro nagamyeon doemnikka?

❻ 어디서 갈아탑니까?
eodiseo garatamnikka?

❼ 이건 고궁에 갑니까?
igeon gogunge gamnikka?

坐公车的时候 · 2

① 여우즈지에취 나리더 꽁공치처마?

有直接去那里的公共汽车吗?
yǒu zhí jiē qù nà lǐ de gōng gòng qì chē ma

② 따오러, 칭까오수워.

到了,请告诉我。
dào le qǐng gào sù wǒ

③ 여우여우란 상하이더 꽌구앙투안마?

有游览上海的观光团吗?
yǒu yóu lǎn shàng hǎi de guān guāng tuán ma

④ 짜이날덩 꽁공치처?

在哪儿等公共汽车?
zài nǎ r děng gōng gòng qì chē

⑤ 지띠엔종 후이라이?

几点中回来?
jǐ diǎn zhōng huí lái

⑥ 꽌구앙투안 지지엔 짜이날추파?

观光团几点在哪儿出发?
guān guāng tuán jǐ diǎn zài nǎ r chū fā

⑦ 따오 빈꾸안 라이지에마?

到宾馆来接吗?
dào bīn guǎn lái jiē ma

버스를 이용알 때·2

① 거기에 가는 직행버스는 있나요?
geogie ganeun jikaengbeoseuneun innayo?

② 도착하면 알려 주세요.
dochakamyeon allyeo juseyo.

③ 상해를 방문하는 투어는 있습니까?
sanghaereul bangmunhaneun tueoneun itseumnikka?

④ 버스는 어디서 기다립니까?
beoseuneun eodiseo gidarimnikka?

⑤ 몇 시에 돌아옵니까?
myeot sie doraomnikka?

⑥ 투어는 몇 시에 어디서 시작됩니까?
tueoneun myeot sie eodiseo sijakdoemnikka?

⑦ 호텔까지 데리러 와 줍니까?
hotelkkaji derireo wa jumnikka?

坐公车的时候 · 1

1 처퍄오 짜이날마이?

车票在哪儿买?
chē piào zài nǎ r mǎi

2 야오쭤 나거꽁공치처?

要坐哪个公共汽车?
yào zuò nǎ ge gōng gòng qì chē

3 쉬야오 후안처마?

需要换车吗?
xū yào huàn chē ma

4 짜이저리 샤처.

在这里下车。
zài zhè lǐ xià chē

5 처잔 짜이나리?

车站在哪里?
chē zhàn zài nǎ lǐ

6 샤우퍄오추 짜이날?

售票处在哪儿?
shòu piào chù zài nǎ r

7 후이라이더스허우 짜이날쭤처?

回来的时候在哪儿坐车?
huí lái de shí hòu zài nǎ r zuò chē

버스를 이용할 때·1

① 표는 어디서 살 수 있습니까?
pyoneun eodiseo sal su itseumnikka?

---

② 어느 버스를 타면 됩니까?
eoneu beoseureul tamyeon doemnikka?

---

③ 갈아타야 합니까?
garataya hamnikka?

---

④ 여기서 내려요.
yeogiseo naeryeoyo.

---

⑤ 버스 터미널은 어디에 있습니까?
beoseu teomineoreun eodie itseumnikka?

---

⑥ 매표소는 어디에 있습니까?
maepyosoneun eodie itseumnikka?

---

⑦ 돌아오는 버스는 어디서 탑니까?
doraoneun beoseuneun eodiseo tamnikka?

坐出租车的时候·2

1 커이 콰이띠엔마?
可以快点吗？
kě yǐ kuài diǎn ma

2 칭왕 쭈이진더루 쩌우.
请往最近的路走。
qǐng wǎng zuì jìn de lù zǒu

3 칭짜이저리 팅처.
请在这里停车。
qǐng zài zhè lǐ tíng chē

4 칭자이샤이거신하오덩 팅샤.
请在下一个信号灯停下。
qǐng zài xià yī gè xìn hào dēng tíng xià

5 칭니자이 저리덩워.
请你在这里等我。
qǐng nǐ zài zhè lǐ děng wǒ

6 뚸사오치엔?
多少钱？
duō shǎo qián

7 링치엔 뿌융러.
零钱不用了。
líng qián bù yòng le

택시를 이용할 때·2

❶ 서둘러 주시겠어요?
seodulleo jusigesseoyo?

❷ 가장 가까운 길로 가 주세요.
gajang gakkaun gillo ga juseyo.

❸ 여기서 세워 주세요.
yeogiseo sewo juseyo.

❹ 다음 신호에서 세워 주세요.
daeum sinhoeseo sewo juseyo.

❺ 여기서 기다려 주세요.
yeogiseo gidaryeo juseyo.

❻ 얼마입니까?
eolmaimnikka?

❼ 거스름돈은 됐습니다.
geoseureumdoneun dwaetseumnida.

坐出租车的时候·1

① 짜이나리 넝쭤 추주처?
在哪里能坐出租车?
zài nǎ lǐ néng zuò chū zū chē

② 쉬야오 짜이나 덩닌?
需要在哪等您?
xū yào zài nǎ děng nín

③ 추주처!
出租车!
chū zū chē

④ 칭빵워 빠씽리 팡상취바.
请帮我把行李放上去吧。
qǐng bāng wǒ bǎ xíng lǐ fàng shàng qù ba

⑤ 워먼떠우 넝쭤샤마?
我们都能坐下吗?
wǒ men doū néng zuò xià ma

⑥ 칭따카이 허우뻬이시앙?
请打开后备箱。
qǐng dǎ kāi hòu bèi xiāng

⑦ 칭따오 저거디즈.
请到这个地址。
qǐng dào zhè ge dì zhǐ

택시를 이용할 때·1

① 어디서 택시를 탈 수 있습니까?
eodiseo taeksireul tal su itseumnikka?

② 어디서 기다리고 있으면 됩니까?
eodiseo gidarigo isseumyeon doemnikka?

③ 택시!
taeksi!

④ 짐 좀 실어주세요.
jim jom sireojuseyo.

⑤ 우리들 모두 탈 수 있습니까?
urideul modu tal su itseumnikka?

⑥ 트렁크를 열어 주시겠어요?
teureongkeureul yeoreo jusigesseoyo?

⑦ (주소를 보이며) 이 주소로 가 주세요.
i jusoro ga juseyo.

迷路的时候

① 워미루러.
我迷路了。
wǒ mí lù le

② 취나리?
去哪里?
qù nǎ lǐ

③ 뿌스 저탸오루.
不是这条路。
bù shì zhè tiáo lù

④ 씨에씨에니 나머친치에.
谢谢你那么亲切。
xiè xie nǐ nà me qīn qiē

⑤ 뚜이부치, 뿌타이칭추.
对不起，不太清楚。
duì bù qǐ   bù tài qīng chǔ

⑥ 칭원 삐에런바.
请问别人吧。
qǐng wèn bié rén bā

⑦ 여우 디투마?
有地图吗?
yǒu dì tú ma

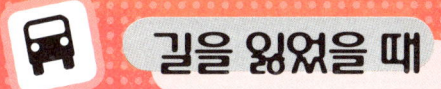

길을 잃었을 때

❶ 길을 잃었습니다.
gireul ireotseumnida.

❷ 어디에 갑니까?
eodie gamnikka?

❸ 이 길이 아닙니다.
i giri animnida.

❹ 친절을 베풀어 주셔서 감사합니다.
chinjeoreul bepureo jusyeoseo gamsahamnida.

❺ 미안합니다. 잘 모르겠습니다.
mianhamnida. jal moreugetseumnida.

❻ 다른 사람에게 물어보십시오.
dareun saramege mureobosipsio.

❼ 지도를 가지고 있습니까?
jidoreul gajigo itseumnikka?

问路的时候 · 2

1 처잔 쩐머취?
车站怎么去?
chē zhàn zěn me qù

2 리저리 찐마?
离这里近吗?
lí zhè lǐ jìn ma

3 리저리 위엔마?
离这里远吗?
lí zhè lǐ yuǎn ma

4 넝 저우취나리마?
能走去那里吗?
néng zǒu qù nà lǐ ma

5 따오나리 넝쮜 꽁공치처마?
到那里能坐公共汽车吗?
dào nà lǐ néng zuò gōng gòng qì chē ma

6 따오나리 데이 뛰창스지엔?
到那里得多长时间?
dào nà lǐ děi duō cháng shí jiān

7 저푸진여우 디티에마?
这附近有地铁吗?
zhè fù jìn yǒu dì tiě ma

길을 물을 때·2

① 역으로 가는 길을 가르쳐 주시겠어요?
yeogeuro ganeun gireul gareucheo jusigesseoyo?

② 여기서 가깝습니까?
yeogiseo gakkapseumnikka?

③ 여기서 멉니까?
yeogiseo meomnikka?

④ 거기까지 걸어서 갈 수 있습니까?
geogikkaji georeoseo gal su itseumnikka?

⑤ 거기까지 버스로 갈 수 있습니까?
geogikkaji beoseuro gal su itseumnikka?

⑥ 거기까지 어느 정도 시간이 걸립니까?
geogikkaji eoneu jeongdo sigani geollimnikka?

⑦ 이 주위에 지하철역이 있습니까?
i juwie jihacheoryeogi itseumnikka?

问路的时候 · 1

① 따라오러.
打饶了。
dǎ ráo le

② 저거디팡 짜이나리?
这个地方在哪里?
zhè ge dì fāng zài nǎ lǐ

③ 뚜이부치, 칭원이샤.
对不起，请问一下。
duì bù qǐ   qǐng wèn yí xià

④ 저리스 선머지에?
这里是什么街?
zhè lǐ shì shén mè jiē

⑤ 칭지엔즈쩌우.
请简直走。
qǐng jiǎn zhí zǒu

⑥ 쩌우저취 지펀종?
走着去几分中?
zǒu zhe qù jǐ fēn zhōng

⑦ 보우꾸안 쩐머취?
博物馆怎么去?
bó wù guǎn zěn mè qù

길을 물을 때·1

❶ 저, 실례합니다.
jeo, sillyehamnida.

❷ (지도를 가리키며) 여기는 어디에 있습니까?
yeogineun eodie itseumnikka?

❸ 실례합니다. 잠깐 여쭙겠습니다.
sillyehamnida. jamkkan yeojjupgetseumnida.

❹ 여기는 무슨 거리입니까?
yeogineun museun georiimnikka?

❺ 곧장 가십시오.
gotjang gasipsio.

❻ 걸어서 몇 분 걸립니까?
georeoseo myeot bun geollimnikka?

❼ 박물관에는 어떻게 가면 됩니까?
bangmulgwaneneun eotteoke gamyeon doemnikka?

PART 3

교통
交通

길을 물을 때
길을 잃었을 때
택시를 이용할 때
버스를 이용할 때
지하철을 이용할 때
열차를 이용할 때
비행기를 이용할 때
렌터카를 이용할 때
자동차를 운전할 때

교통 가이드 ➔ ➔ ➔

◆택시를 이용할 때 주의 할 점

- 현지 사람에게 어디까지 얼마인가를 묻는다. 일반적으로 ㎞당 가격이 오르므로 소요되는 요금은 비슷하므로 차이가 많이 나면 돌아온다.

- 신분증명서가 없는 택시는 타지를 않는다.

- 고급호텔의 앞에서 타도록 한다.

- 중국은 야간에는 조수석 앞에 앉지를 못하므로 뒤에 앉는다. 보통 야간에는 친구나 부인을 조수석에 앉히고 영업을 하는데 이런 차량은 가능한 한 타지 않도록 한다.

- 역이나 터미널 앞에 정차하여 있는 택시는 타지 않는다.

- 미터기를 반드시 꺾게 만든다.

- 목적지를 중국어로 말하고 노정을 이야기 한다.

- 목적지를 말하고 운전수로부터 확인을 받는다. 중국어로 '쯔다오마(知道吗)?' 라고 물어보면 된다.

- 높은 요금을 요구할 경우 택시회사 전화번호나 운전수의 신분증명서의 번호를 적는 체한다. 일반적으로 중국은 면허증을 따기가 매우 어렵다. 택시 운전수들은 면허를 취소당하면 타격이 크므로 두려워한다.

退房 · 2

1 추파즈치엔 넝께이워 칸이샤싱리마?
出发之前能给我看一下行李吗?
chū fā zhī qián néng gěi wǒ kàn yí xià xíng lǐ ma

2 워빠뚱시 왕짜이팡지엔리러.
我把东西忘在房间里了。
wǒ bǎ dōng xī wàng zài fáng jiān lǐ le

3 칭지에장.
请结帐。
qǐng jié zhàng

4 수아카 커이마?
刷卡可以吗?
shuā kǎ kě yǐ ma

5 취엔빠오쿼자이네이마?
全包括在内吗?
quán bāo kuò zài nèi ma

6 하오샹 지수안춰러.
好象计算错了。
hǎo xiàng jì suàn cuò le

7 씨에씨에! 워꿔더헌하오.
谢谢! 我过得很好。
xiè xie　 wǒ guò dé hěn hǎo

호텔 체크아웃을 할 때·2

1 출발할 때까지 짐을 맡아 주시겠어요?
chulbalhal ttaekkaji jimeul mata jusigesseoyo?

2 방에 물건을 두고 나왔습니다.
bange mulgeoneul dugo nawatseumnida.

3 계산을 부탁합니다.
gyesaneul butakamnida.

4 신용카드도 됩니까?
sinyongkadeudo doemnikka?

5 전부 포함된 겁니까?
jeonbu pohamdoen geomnikka?

6 계산이 틀린 것 같은데요.
gyesani teullin geot gateundeyo.

7 고맙습니다. 즐겁게 보냈습니다.
gomapseumnida. jeulgeopge bonaetseumnida.

退房 · 1

① 투이팡스 지디엔?
退房是几点?
tuì fáng shì jǐ diǎn

② 씨앙자이주이완.
想再住一晚。
xiǎng zài zhù yì wǎn

③ 시앙티 치엔이티엔리카이.
想提前一天离开。
xiǎng tí qián yì tiān lí kāi

④ 팡지엔커이융따오 쌰우마?
房间可以用到下午吗?
fáng jiān kě yǐ yòng dào xià wǔ ma

⑤ 워시앙투이팡.
我想退房。
wǒ xiǎng tuì fáng

⑥ 칭께이워 쟈오이샤싱리위엔.
请给我叫一下行李员。
qǐng gěi wǒ jiào yí xià xíng lǐ yuán

⑦ 칭께이워 지춘더꾸이종우핀.
请给我寄存的贵重物品。
qǐng gěi wǒ jì cún de guì zhòng wù pǐn

호텔 체크아웃을 할 때·1

① 체크아웃은 몇 시입니까?
chekeuauseun myeot siimnikka?

---

② 하룻밤 더 묵고 싶은데요.
harutbam deo mukgo sipeundeyo.

---

③ 하루 일찍 떠나고 싶은데요.
haru iljjik tteonago sipeundeyo.

---

④ 오후까지 방을 쓸 수 있나요?
ohukkaji bangeul sseul su innayo?

---

⑤ 체크아웃을 하고 싶은데요.
chekeuauseul hago sipeundeyo.

---

⑥ 포터를 보내 주세요.
poteoreul bonae juseyo.

---

⑦ 맡긴 귀중품을 꺼내 주세요.
matgin gwijungpumeul kkeonae juseyo.

发生紧急情况的的时候·2

① 러우수이.
漏水。
lòu shuǐ

② 수이룽터우 추꾸장러.
水龙头出故障了。
shuǐ lóng tóu chū gù zhàng le

③ 수이뿌탕.
水不烫。
shuǐ bú tàng

④ 칭콰이방워 시우이샤.
请快帮我修一下。
qǐng kuài bāng wǒ xiū yí xià

⑤ 팡지엔 하이메이여우따사오.
房间还没有打扫。
fáng jiān hái méi yǒu dǎ sǎo

⑥ 칭방워 후안마오진.
请帮我换毛巾。
qǐng bāng wǒ huàn máo jīn

⑦ 워먼마상 파이런취 씨우리.
我们马上派人去修理。
wǒ men mǎ shàng pài rén qù xiū lǐ

호텔에서 문제가 생겼을 때·2

❶ 물이 샙니다.
muri saemnida.

❷ 수도꼭지가 고장 났습니다.
sudokkokjiga gojang natseumnida.

❸ 물이 뜨겁지 않습니다.
muri tteugeopji anseumnida.

❹ 빨리 고쳐 주세요.
ppalli gocheo juseyo.

❺ 방 청소가 아직 안 되었습니다.
bang cheongsoga ajik an doeeotseumnida.

❻ 타월을 바꿔 주세요.
taworeul bakkwo juseyo.

❼ 지금 곧 사람을 보내 수리해드리겠습니다.
jigeum got sarameul bonae surihaedeurigetseumnida.

发生紧急情况的的时侯·1

① 야오스라 짜이팡리러.

钥匙落在房里了。
yào shí là zài fáng lǐ le

② 왕러 팡지엔하오마.

忘了房间号码。
wàng le fáng jiān hào mǎ

③ 저우랑 여우치꽈이더런.

走廊有奇怪的人。
zǒu láng yǒu qí guài dè rén

④ 거삐팡지엔 타이차오러.

隔壁房间太吵了。
gé bì fáng jiān tài chǎo le

⑤ 칭께이워후안 삐에더팡지엔.

请给我换别的房间。
qǐng gěi wǒ huàn bié dè fáng jiān

⑥ 시셔우지엔 수이리우뿌하오.

洗手间水流不好。
xǐ shǒu jiān shuǐ liú bù hǎo

⑦ 뿌추러수이.

不出热水。
bù chū rè shuǐ

호텔에서 문제가 생겼을 때·1

① 열쇠를 방에 두고 나왔습니다.
yeolsoereul bange dugo nawatseumnida.

② 방 번호를 잊어버렸습니다.
bang beonhoreul ijeobeoryeotseumnida.

③ 복도에 이상한 사람이 있습니다.
bokdoe isanghan sarami itseumnida.

④ 옆방이 무척 시끄럽습니다.
yeopbangi mucheok sikkeureopseumnida.

⑤ 다른 방으로 바꿔 주세요.
dareun bangeuro bakkwo juseyo.

⑥ 화장실 물이 잘 흐르지 않습니다.
hwajangsil muri jal heureuji anseumnida.

⑦ 뜨거운 물이 나오지 않는데요.
tteugeoun muri naoji anneundeyo.

利用饭店里的通讯设备

1 저뿌디엔후아 넝꾸아따오한궈마?

这部电话能挂到韩国吗?
zhè bù diàn huà néng guà dào hán guó ma

2 워샹께이한궈 파추안전.

我想给韩国发传真。
wǒ xiǎng gěi hán guó fā chuán zhēn

3 디엔후아페이스 뚜어사오치엔?

电话费是多少钱?
diàn huà fèi shì duō shǎo qián

4 여우퍄오 자이날마이?

邮票在哪儿买?
yóu piào zài nǎr mǎi

5 방워퉈윈따오 한궈.

帮我托运到韩国。
bāng wǒ tuō yùn dào hán guó

6 워시앙바여우빠오 여우따오한궈.

我想把邮包邮到韩国。
wǒ xiǎng bǎ yóu bāo yóu dào hán guó

7 칭방워지 저펑신.

请帮我寄这封信。
qǐng bāng wǒ jì zhè fēng xìn

호텔에서 통신을 이용할 때

❶ 이 전화는 한국에 걸립니까?
i jeonhwaneun hanguge geollimnikka?

❷ 한국으로 팩스를 보내고 싶은데요.
hangugeuro paekseureul bonaego sipeundeyo.

❸ 전화요금은 얼마입니까?
jeonhwayogeumeun eolmaimnikka?

❹ 우표는 어디서 살 수 있나요?
upyoneun eodiseo sal su innayo?

❺ 한국까지 항공편으로 보내 주세요.
hangukkkaji hanggongpyeoneuro bonae juseyo.

❻ 이 소포를 한국으로 보내고 싶은데요.
i soporeul hangugeuro bonaego sipeundeyo.

❼ 이 편지를 부쳐 주세요.
i pyeonjireul bucheo juseyo.

利用饭店里的美发厅

1 진티엔샤우 커이위위에마?
今天下午可以预约吗?
jīn tiān xià wǔ kě yǐ yù yuē ma

2 쩐머농?
怎么弄?
zěn me nòng

3 칭께이워시터우 허쒸싱.
请给我洗头和做型。
qǐng gěi wǒ xǐ tóu hé zuò xíng

4 칭께이워시터우 허지엔터우.
请给我洗头和剪头。
qǐng gěi wǒ xǐ tóu hé jiǎn tóu

5 칭께이워지엔터우 허티쉬.
请给我剪头和剃须。
qǐng gěi wǒ jiǎn tóu hé tì xū

6 사오웨이방워 지엔이샤.
稍微帮我剪一下。
shāo wēi bāng wǒ jiǎn yí xià

7 팡삐엔 사오웨이지엔이띠엔.
旁边稍微剪一点。
páng biān shāo wēi jiǎn yi diǎn

호텔에서 이발소·미용실을 이용할 때

❶ 오늘 오후에 예약할 수 있습니까?
oneul ohue yeyakal su itseumnikka?

❷ (헤어스타일을) 어떻게 할까요?
eotteoke halkkayo?

❸ 샴푸와 세트를 부탁합니다.
syampuwa seteureul butakamnida.

❹ 커트와 샴푸만 해 주세요.
keoteuwa syampuman hae juseyo.

❺ 커트와 면도를 부탁합니다.
keoteuwa myeondoreul butakamnida.

❻ 조금만 깎아 주세요.
jogeumman kkakka juseyo.

❼ 옆을 조금 잘라 주세요.
yeopeul jogeum jalla juseyo.

利用其他服务・2

① 워시앙지엔차 워더띠엔즈여우지엔.
我想检查我的电子邮件。
wǒ xiǎng jiǎn chá wǒ dě diàn zi yóu jiàn

② 여우 추안전지(푸인지)마?
有传真机(复印机)吗?
yǒu chuán zhēn jī (fù yìn jī) ma

③ 짜이저리커이마이 꽌구앙처퍄오마?
在这里可以买观光车票吗?
zài zhè lǐ kě yǐ mǎi guān guāng chē piào ma

④ 칭방워 시이샤이푸.
请帮我洗一下衣服。
qǐng bāng wǒ xǐ yí xià yī fú

⑤ 선머스허우 커이?
什么时候可以?
shén me shí hòu kě yǐ

⑥ 커이 콰이디엔마?
可以快点吗?
kě yǐ kuài diǎn ma

⑦ 저거우즈 넝시댜오마?
这个污渍能洗掉吗?
zhè gè wū zì néng xǐ diào ma

호텔 부대시설을 이용할 때·2

❶ 이메일을 체크하고 싶은데요.
imeireul chekeuhago sipeundeyo.

❷ 팩스(복사기)는 있습니까?
paekseu(boksagi)neun itseumnikka?

❸ 여기서 관광버스 표를 살 수 있습니까?
yeogiseo gwangwangbeoseu pyoreul sal su itseumnikka?

❹ 세탁을 부탁합니다.
setageul butakamnida.

❺ 언제 됩니까?
eonje doemnikka?

❻ 빨리 해 주시겠어요?
ppalli hae jusigesseoyo?

❼ 이 얼룩은 빼 주겠어요?
i eollugeun ppae jugesseoyo?

利用其他服务·1

1 여우 즈동셔우훠지마?
有自动售货机吗?
yǒu zì dòng shòu huò jī ma

2 찬팅 짜이날?
餐厅在哪儿?
cān tīng zài nǎr

3 잉예따오 지디엔?
营业到几点?
yíng yè dào jǐ diǎn

4 여우 왕치우창마?
有网球场吗?
yǒu wǎng qiú chǎng ma

5 카페이팅 짜이날?
咖啡厅在哪儿?
kā fēi tīng zài nǎr

6 져우바잉예따오 지디엔?
酒吧营业到几点?
jiǔ bā yíng yè dào jǐ diǎn

7 짜이날 커이창거?
在哪儿可以唱歌?
zài nǎr kě yǐ chàng gē

# 호텔 부대시설을 이용할 때·1

❶ 자판기는 있습니까?
japangineun itseumnikka?

❷ 식당은 어디에 있습니까?
sikdangeun eodie itseumnikka?

❸ 몇 시까지 영업합니까?
myeot sikkaji yeongeopamnikka?

❹ 이 호텔에 테니스코트는 있습니까?
i hotere teniseukoteuneun itseumnikka?

❺ 커피숍은 어디에 있습니까?
keopisyobeun eodie itseumnikka?

❻ 바는 언제까지 합니까?
baneun eonjekkaji hamnikka?

❼ 가라오케는 어디서 할 수 있나요?
garaokeneun eodiseo hal su innayo?

利用饭店服务·2

① 워시앙 왕한궈 따디엔후아.
我想往韩国打电话。
wǒ xiǎng wǎng hán guó dǎ diàn huà

② 칭께이워 안모.
请给我按摩。
qǐng gěi wǒ àn mó

③ 칭빵워 위딩웨이즈.
请帮我预定位子。
qǐng bāng wǒ yù dìng wèi zi

④ 칭 따싸오 이씨아 워더팡지엔.
请打扫一下我的房间。
qǐng dǎ sǎo yī xià wǒ de fáng jiān

⑤ 닌스쉐이?
您是谁?
nín shì shéi

⑥ 칭사오덩.
请稍等。
qǐng shāo děng

⑦ 칭진.
请进。
qǐng jìn

호텔 서비스를 이용할 때·2

1 한국으로 전화를 하고 싶은데요.
hangugeuro jeonhwareul hago sipeundeyo.

2 마사지를 부탁합니다.
masajireul butakamnida.

3 식당 예약 좀 해 주시겠어요?
sikdang yeyak jom hae jusigesseoyo?

4 제 방을 청소해주십시오.
je bangeul cheongsohaejusipsio.

5 (노크하면) 누구십니까?
nugusimnikka?

6 잠시 기다리세요.
jamsi gidariseyo.

7 들어오세요.
deureooseyo.

利用饭店服务 · 1

1 칭자오 팡지엔푸우위엔.

请叫房间服务员。
qǐng jiào fáng jiān fú wù yuán

2 넝 빵망마?

能帮忙吗?
néng bāng máng ma

3 쉬야오 뚸창스지엔?

需要多长时间?
xū yào duō cháng shí jiān

4 여우 시이푸우씨앙무마?

有洗衣服务项目吗?
yǒu xǐ yī fú wù xiàng mù ma

5 쉬야오 러수이.

需要热水。
xū yào rè shuǐ

6 쉬야오 쟈오자오.

需要叫早。
xū yào jiào zǎo

7 칭까오수워 닌더팡지엔하오.

请告诉我您的房间号。
qǐng gào sù wǒ nín de fáng jiān hào

호텔 서비스를 이용할 때·1

1 룸서비스를 부탁합니다.
rumseobiseureul butakamnida.

2 도와주시겠어요?
dowajusigesseoyo?

3 어느 정도 시간이 걸립니까?
eoneu jeongdo sigani geollimnikka?

4 세탁 서비스는 있습니까?
setak seobiseuneun itseumnikka?

5 따뜻한 마실 물이 필요한데요.
ttatteutan masil muri piryohandeyo.

6 모닝콜을 부탁합니다.
moningkoreul butakamnida.

7 방 번호를 말씀하십시오.
bang beonhoreul malsseumhasipsio.

预订客房 · 2

① 칭께이워거 넝칸펑징더팡지엔.
请给我个能看风景的房间。
qǐng gěi wǒ ge néng kàn fēng jǐng de fáng jiān

② 칭께이워 칸이샤팡지엔.
请给我看一下房间。
qǐng gěi wǒ kàn yí xià fáng jiān

③ 여우메이여우 껑하오더팡지엔?
有没有更好的房间?
yǒu méi yǒu gēng hǎo de fáng jiān

④ 져우주 저거팡지엔바.
就住这个房间吧。
jiù zhù zhè ge fáng jiān ba

⑤ 칭지루따오 주쑤카리.
请记录到住宿卡里。
qǐng jì lù dào zhù sù kǎ lǐ

⑥ 저스 팡지엔야오스.
这是房间钥匙。
zhè shì fáng jiān yào shi

⑦ 커이빠오꾸안 꾸이종우핀마?
可以保管贵重物品吗?
kě yǐ bǎo guǎn guì zhòng wù pǐn ma

호텔 체크인할 때·2

❶ 전망이 좋은 방으로 부탁합니다.
jeonmangi joeun bangeuro butakamnida.

❷ 방을 보여 주세요.
bangeul boyeo juseyo.

❸ 좀더 좋은 방은 없습니까?
jomdeo joeun bangeun eopseumnikka?

❹ 이 방으로 하겠습니다.
i bangeuro hagetseumnida.

❺ 숙박카드에 기입해 주십시오.
sukbakkadeue giipae jusipsio.

❻ 이게 방 열쇠입니다.
ige bang yeolsoeimnida.

❼ 귀중품을 보관해 주시겠어요?
gwijungpumeul bogwanhae jusigesseoyo?

预订客房 · 1

❶ 닌위위에러마?
您预约了吗?
nín yù yuē le ma

❷ 위위에러.
预约了。
yù yuē le

❸ 짜이한궈 위위에더.
在韩国预约的。
zài hán guó yù yuē de

❹ 하이메이여우 위위에.
还没有预约。
hái méi yǒu yù yuē

❺ 진티엔완상 여우콩팡지엔마?
今天晚上有空房间吗?
jīn tiān wǎn shàng yǒu kōng fáng jiān ma

❻ 칭수오 싱밍.
请说姓名。
qǐng shuō xìng míng

❼ 칭께이워거 안징더팡지엔.
请给我个安静的房间。
qǐng gěi wǒ ge ān jìng de fáng jiān

호텔 체크인할 때·1

❶ 예약은 하셨습니까?
yeyageun hasyeotseumnikka?

❷ 예약했습니다.
yeyakaetseumnida.

❸ 예약은 한국에서 했습니다.
yeyageun hangugeseo haetseumnida.

❹ 아직 예약을 하지 않았습니다.
ajik yeyageul haji anatseumnida.

❺ 오늘밤 빈방은 있습니까?
oneulbam binbangeun itseumnikka?

❻ 성함을 말씀하십시오.
seonghameul malsseumhasipsio.

❼ 조용한 방으로 부탁합니다.
joyonghan bangeuro butakamnida.

预订饭店

1 워시앙 위위에.
我想预约。
wǒ xiǎng yù yuē

2 주지시우?
住几宿?
zhù jǐ xiǔ

3 이티엔완상 뚸사오치엔?
一天晚上多少钱?
yì tiān wǎn shàng duō shǎo qián

4 팡페이리 빠오한짜오찬마?
房费里包含早餐吗?
fáng fèi lǐ bāo hán zǎo cān ma

5 칭께이워 수앙런팡지엔.
请给我双人房间。
qǐng gěi wǒ shuāng rén fáng jiān

6 칭께이워 여우위스더팡지엔.
请给我有浴室的房间。
qǐng gěi wǒ yǒu yù shì de fáng jiān

7 시엔푸치엔마?
先付钱吗?
xiān fù qián ma

호텔을 예약할 때

① 예약을 하고 싶은데요.
yeyageul hago sipeundeyo.

② 몇 박을 하실 겁니까?
myeot bageul hasil geomnikka?

③ 1박에 얼마입니까?
ilbage eolmaimnikka?

④ 요금에 조식은 포함되어 있나요?
yogeume josigeun pohamdoeeo innayo?

⑤ 트윈 룸으로 부탁합니다.
teuwin rumeuro butakamnida.

⑥ 욕실이 있는 방으로 부탁합니다.
yoksiri inneun bangeuro butakamnida.

⑦ 선불인가요?
seonburingayo?

PART 2

숙박
住宿

호텔을 예약할 때
호텔 체크인할 때
호텔 서비스를 이용할 때
호텔 부대시설을 이용할 때 호텔에서 이
발소·미용실을 이용할 때
호텔에서 통신을 이용할 때
호텔에서 문제가 생겼을 때
호텔 체크아웃을 할 때

숙박 가이드 → → →

◆좋은 호텔을 선정하는 방법
그 지방에 도착하면 먼저 지도를 구입한다. 지도에 기재되어 있는 호텔은 비교적 좋은 호텔이다. XX HOTEL이라고 적혀 있는 곳은 주로 2성급 이상이다. 문 앞에 도어맨이 있는 경우는 3성급 이상이며, 이런 호텔을 발견하면 먼저 여권을 제시하고 외국인이 묵을 수 있는지 물어보고 호텔 선정을 하도록 한다. 역에서 쪽지를 내놓고 호객하는 곳은 절대로 가지 말자. 같은 중국인들도 그곳에서 강도를 당하는 수가 많다. 가능한 한 2성급 이상, 외국인이 자주 이용하는 호텔에서 묵도록 한다.

◆체크인 · 체크아웃
일반적으로 14시 이후에는 체크인이 가능하다. 체크인할 때 여권을 보여주고 체크인 카드에 필요한 것을 기재한 후에 제시한다.
낮은 등급일 경우 각 층마다 안내원이 있어 문을 열어 주므로 특별한 열쇠가 없다. 간혹 '야진'이라 하여 보증금을 받기도 한다. 호텔 안에서 커피와 서비스를 받고 체크아웃할 때 정산하기도 하는데, 그런 경우 간혹 보증금을 요구하기도 한다.
체크아웃은 기본적으로 12시이다. 프런트에서 체크아웃의 의사를 표시하면 1차적으로 방을 체크한 후에 지불하면 된다.

◆한국에서 호텔 예약방법
항공권을 구매하는 곳에서 보통 예약을 대행하여 주기도 하며, 보통 3성급 이상이어야만 가능하다. 현지에서 여행사를 통해 예약할 경우 수수료를 받으므로 그다지 큰 차이는 나지 않는다.

进入市内

① 덩 추주처더띠팡 짜이나리?
等出租车的地方在哪里?
děng chū zū chē de dì fāng zài nǎ lǐ

② 따오나리?
到哪里?
dào nǎ lǐ

③ 칭왕 절저우.
请往这儿走。
qǐng wǎng zhè r zǒu

④ 칭바싱리 팡진 허우베이시앙.
请把行李放进后备箱。
qǐng bǎ xíng lǐ fàng jìn hòu bèi xiāng

⑤ 여우따오 스리더처마?
有到市里的车吗?
yǒu dào shì lǐ de chē ma

⑥ 셔우퍄오추 짜이날?
售票处在哪儿?
shòu piào chù zài nǎr

⑦ 데이 뚸창스지엔?
得多长时间?
děi duō cháng shí jiān

공항에서 시내로 들어갈 때

① 택시 승강장은 어디입니까?
taeksi seunggangjangeun eodiimnikka?

② 어디까지 가십니까?
eodikkaji gasimnikka?

③ (주소를 보이며) 이리 가 주세요.
iri ga juseyo.

④ 짐을 트렁크에 넣어 주세요.
jimeul teureongkeue neoeo juseyo.

⑤ 시내로 가는 버스는 있습니까?
sinaero ganeun beoseuneun itseumnikka?

⑥ 매표소는 어디입니까?
maepyosoneun eodiimnikka?

⑦ 시간은 어느 정도 걸립니까?
siganeun eoneu jeongdo geollimnikka?

在机场

❶ 꾸안구앙지에사오쒀 짜이날?
观光介绍所在哪儿?
guān guāng jiè shào suǒ zài nǎr

❷ 칭께이워 청스디투 허지엔지에.
请给我城市地图和简介。
qǐng gěi wǒ chéng shì dì tú hé jiǎn jiè

❸ 셔우퍄오추 짜이나리?
售票处在哪里?
shòu piào chù zài nǎ lǐ

❹ 짜이저리 커이 지에따오처마?
在这里可以借到车吗?
zài zhè lǐ kě yǐ jiè dào chē ma

❺ 짜이저리 커이 위위에삔꾸안마?
在这里可以预约宾馆吗?
zài zhè lǐ kě yǐ yù yuē bīn guǎn ma

❻ 정짜이자오 싱리위엔.
正在找行李员。
zhèng zài zhǎo xíng lǐ yuán

❼ 셔우퇴이처 짜이나리?
手推车在哪里?
shǒu tuī chē zài nǎ lǐ

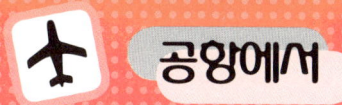
공항에서

① 관광안내소는 어디에 있습니까?
gwangwangannaesoneun eodie itseumnikka?

② 시가지도와 관광 팸플릿을 주십시오.
sigajidowa gwangwang paempeulliseul jusipsio.

③ 매표소는 어디에 있습니까?
maepyosoneun eodie itseumnikka?

④ 여기서 렌터카를 예약할 수 있습니까?
yeogiseo renteokareul yeyakal su itseumnikka?

⑤ 여기서 호텔을 예약할 수 있습니까?
yeogiseo hotereul yeyakal su itseumnikka?

⑥ 포터를 찾고 있습니다.
poteoreul chatgo itseumnida.

⑦ 카트는 어디에 있습니까?
kateuneun eodie itseumnikka?

海关

① 싱리 따오나 취?
行李到哪取?
xíng lǐ dào nǎ qǔ

② 쩐머 자오뿌따오 워더싱리?
怎么找不到我的行李?
zěn me zhǎo bù dào wǒ de xíng lǐ

③ 여우선머 야오선칭더마?
有什么要申请的吗?
yǒu shén me yào shēn qǐng de ma

④ 져우즈여우 르융핀.
就只有日用品。
jiù zhǐ yǒu rì yòng pǐn

⑤ 칭따카이 저거빠오.
请打开这个包。
qǐng dǎ kāi zhè gè bāo

⑥ 저스 선머?
这是什么?
zhè shì shén me

⑦ 여우 치타더 싱리마?
有其他的行李吗?
yǒu qí tā de xíng lǐ ma

세관검사를 받을 때

① 짐은 어디서 찾습니까?
jimeun eodiseo chatseumnikka?

② 제 짐이 왜 안 보이는 거죠?
je jimi wae an boineun geojyo?

③ 신고할 것은 있습니까?
singohal geoseun itseumnikka?

④ 일용품뿐입니다.
iryongpumppunimnida.

⑤ 이 가방을 열어 주십시오.
i gabangeul yeoreo jusipsio.

⑥ 이건 뭡니까?
igeon mwomnikka?

⑦ 다른 짐은 있나요?
dareun jimeun innayo?

入国审查·2

① 워후이주짜이 저거지우띠엔.
我会住在这个酒店。
wǒ huì zhù zài zhè gè jiǔ diàn

② 하이메이여우 쥐에띵.
还没有决定。
hái méi yǒu jué dìng

③ 인웨이스 지티뤼싱, 쉬이 뿌칭추.
因为是集体旅行，所以不清楚。
yīn wéi shì jí tǐ lǚ xíng   suǒ yǐ bù qīng chǔ

④ 후이취스허우더지퍄오 짜이셔우리마?
回去时候的机票在手里吗?
huí qù shí hòu de jī piào zài shǒu lǐ ma

⑤ 스, 짜이셔우리.
是，在手里。
shì   zài shǒu lǐ

⑥ 저거꿔쟈 디이츠라이마?
这个国家第一次来吗?
zhè gè guó jiā dì yí cì lái ma

⑦ 커이러.
可以了。
kě yǐ le

입국심사를 받을 때·2

❶ (메모를 보이며) 숙박처는 이 호텔입니다.
sukbakcheoneun i hoterimnida.

❷ (호텔은) 아직 정하지 않았습니다.
ajik jeonghaji anatseumnida.

❸ (호텔은) 단체여행이라서 모릅니다.
dancheyeohaengiraseo moreumnida.

❹ 돌아가는 항공권은 가지고 계십니까?
doraganeun hanggonggwoneun gajigo gyesimnikka?

❺ 네, 가지고 있습니다.
ne, gajigo itseumnida.

❻ 이 나라는 처음입니까?
i naraneun cheoeumimnikka?

❼ 됐습니다.
dwaetseumnida.

入国审查 · 1

PART 1 도착

① 루궈더무디스 선머?
入国的目的是什么?
rù guó de mù dì shì shén me

② 스꽌구앙.
是观光。
shì guān guāng

③ 스꽁스.
是公事。
shì gōng shì

④ 스인꽁추차.
是因公出差。
shì yīn gōng chū chā

⑤ 즈리우 뚸창스지엔?
滞留多长时间?
zhì liú duō cháng shí jiān

⑥ 즈리우 이저우.
滞留一周。
zhì liú yì zhōu

⑦ 짜이나 즈리우?
在哪滞留?
zài nǎ zhì liú

입국심사를 받을 때·1

① 입국 목적은 무엇입니까?
ipguk mokjeogeun mueosimnikka?

② 관광입니다.
gwangwangimnida.

③ 사업입니다.
saeobimnida.

④ 출장입니다.
chuljangimnida.

⑤ 얼마나 머무십니까?
eolmana meomusimnikka?

⑥ 1주일 머뭅니다.
iljuil meomumnida.

⑦ 어디에 머무십니까?
eodie meomusimnikka?

在船上

① 워더커창 짜이나리?
我的客舱在哪里?
wǒ de kè cāng zài nǎ lǐ

② 나시에스 워더워쥐?
哪些是我的卧具?
nǎ xiē shì wǒ de wò jù

③ 샤오마이부 짜이나리?
小卖部在哪里?
xiǎo mài bù zài nǎ lǐ

④ 랑따마?
浪大吗?
làng dà ma

⑤ 시앙투.
想吐。
xiǎng tǔ

⑥ 칭따이워 취이우스.
请带我去医务室。
qǐng dài wǒ qù yī wù shì

⑦ 처숴 짜이나리?
厕所在哪里?
cè suǒ zài nǎ lǐ

PART 1 도착

# 페리 안에서

① (승선권을 보이며) 제 선실은 어딘가요?
je seonsireun eodingayo?

② 어느 것이 제 침구입니까?
eoneu geosi je chimguimnikka?

③ 매점은 어디에 있습니까?
maejeomeun eodie itseumnikka?

④ 파도는 거칩니까?
padoneun geochimnikka?

⑤ (뱃멀미로) 토할 것 같습니다.
tohal geot gatseumnida.

⑥ 의무실로 데리고 가 주십시오.
uimusillo derigo ga jusipsio.

⑦ 화장실은 어디에 있습니까?
hwajangsireun eodie itseumnikka?

在飞机上 · 2

① 지네이 마이 미엔수이핀마?
机内卖免税品吗?
jī nèi mài miǎn shuì pǐn ma

② 여우 저거마?
有这个吗?
yǒu zhè gè ma

③ 셔우 한삐마?
收韩币吗?
shōu hán bì ma

④ 여우 윈지야오마?
有晕机药吗?
yǒu yūn jī yào ma

⑤ 선티 여우띠엔 뿌수푸, 넝께이워 야오마?
身体有点不舒服, 能给我药吗?
shēn tǐ yǒu diǎn bù shū fú néng gěi wǒ yào ma

⑥ 워씨앙투, 넝께이칭 지에따이마?
我想吐, 能给清洁袋吗?
wǒ xiǎng tǔ néng gěi qīng jié dài ma

⑦ 칭께이워 이장 루징떵지카.
请给我一张入境登记卡。
qǐng gěi wǒ yī zhāng rù jìng dēng jì kǎ

비행기 안에서·2

❶ 기내에서 면세품을 판매합니까?
ginaeeseo myeonsepumeul panmaehamnikka?

❷ (면세품 사진을 가리키며) 이것은 있습니까?
igeoseun itseumnikka?

❸ 한국 돈은 받습니까?
hanguk doneun batseumnikka?

❹ 비행기 멀미약은 있습니까?
bihaenggi meolmiyageun itseumnikka?

❺ 좀 몸이 불편합니다. 약을 주시겠어요?
jom momi bulpyeonhamnida. yageul jusigesseoyo?

❻ 토할 것 같습니다. 위생봉투를 주세요.
tohal geot gatseumnida. wisaengbongtureul juseyo.

❼ 입국신고카드 한 장 주세요.
ipguksingokadeu han jang juseyo.

在飞机上 · 1

① 저스 워더쭤웨이.

这是我的坐位。
zhè shì wǒ de zuò wèi

② 넝께이워 후안이샤웨이즈마?

能给我换一下位置吗?
néng gěi wǒ huàn yí xià wèi zhì ma

③ 넝따오 나거콩웨이즈마?

能到那个空位置吗?
néng dào nà gè kōng wèi zhì ma

④ 넝꿔 이샤마?

能过一下吗?
néng guò yí xià ma

⑤ 쉬야오 선머인랴오?

需要什么饮料?
xū yào shén me yǐn liào

⑥ 여우 선머인랴오?

有什么饮料?
yǒu shén me yǐn liào

⑦ 용완 찬러마?

用完餐了吗?
yòng wán cān le ma

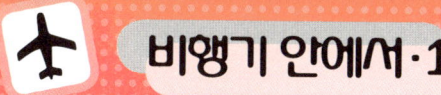

비행기 안에서·1

1 여기는 제 자리인데요.
yeogineun je jariindeyo.

2 자리를 바꿔 주시겠습니까?
jarireul bakkwo jusigetseumnikka?

3 저기 빈자리로 옮겨도 되겠습니까?
jeogi binjariro omgyeodo doegetseumnikka?

4 잠깐 지나가도 될까요?
jamkkan jinagado doelkkayo?

5 음료는 뭐가 좋겠습니까?
eumnyoneun mwoga joketseumnikka?

6 어떤 음료가 있습니까?
eotteon eumnyoga itseumnikka?

7 식사는 다 하셨습니까?
siksaneun da hasyeotseumnikka?

PART 1

입국
入国

비행기 안에서
페리 안에서
입국심사를 받을 때
세관검사를 받을 때
공항에서
공항에서 시내로 들어갈 때

입국 가이드

◆ 중국으로 입국하기

중국 공항에서의 입국 절차는 대체로 간단한 편이다. 그리고 입국 절차시 필요한 서류는 중국으로 가는 비행기 안에서 승무원이 나누어 주는데, 이 때 작성하면 된다.

* 입국심사

영문 또는 중문으로 작성한 입국신고서를 여권과 함께 작성한다.

* 검역

입국심사를 할 때 행하는데, 최근에 전염병이 발생한 지역을 여행하는 경우가 아니라면 특별한 예방접종증명 등은 필요 없다.

* 짐찾기

입국심사가 끝나면 짐 찾는 곳(行李領取处)으로 가서 탁송한 짐을 찾는다.

* 세관

미리 작성한 세관신고서를 제출하는데, 작성할 때 카메라, 녹음기 등 개인사용 목적의 전자제품은 반드시 명시하고, 특히 세관신고서의 사본은 잘 보관해야 한다. 출국수속을 할 때 신고서에 명시되지 않았는데 추가되었거나, 없어진 물건이 있다는 사실이 세관원에게 적발될 경우에는 관세를 물어야 하기 때문이다.

紧急情况的时侯

1 져우밍아!
救命啊!
jiù mìng ā

2 하오러, 수안러!
好了,算了!
hǎo le　suàn le

3 샤오터우 잔주!
小偷,站住!
xiǎo tōu　zhàn zhù

4 주아주 타!
抓住他!
zhuā zhù tā

5 쟈오 징차!
叫警察!
jiào jǐng chá

6 랑이랑!
让一让!
ràng yī ràng

7 웨이씨엔
危险!
wēi xiǎn

긴급한 상황에서 유용하게 쓰는 말

① 도와줘요(살려줘요)!
dowajwoyo(sallyeojwoyo)!

② 그만둬요!
geumandwoyo!

③ 도둑이야, 서!
dodugiya, seo!

④ 저놈 잡아라!
jeonom jabara!

⑤ 경찰을 불러요!
gyeongchareul bulleoyo!

⑥ 비켜요!
bikyeoyo!

⑦ 위험해요!
wiheomhaeyo!

请允许的时候

① 커이 쭤절마?

可以坐这儿吗?
kě yǐ zuò zhèr ma

② 커이 따오리미엔마?

可以到里面吗?
kě yǐ dào lǐ miàn ma

③ 커이 짜이저리시옌마?

可以在这里吸烟吗?
kě yǐ zài zhè lǐ xī yān ma

④ 커이 따카이추앙후마?

可以打开窗户吗?
kě yǐ dǎ kāi chuāng hù ma

⑤ 커이 따팅이샤마?

可以打听一下吗?
kě yǐ dǎ tīng yí xià ma

⑥ 커이 나저우저거마?

可以拿走这个吗?
kě yǐ ná zǒu zhè gè ma

⑦ 커이 융카즈푸마?

可以用卡支付吗?
kě yǐ yòng kǎ zhī fù ma

허락을 구할 때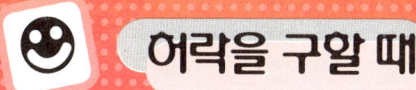

① 여기에 앉아도 됩니까?
yeogie anjado doemnikka?

② 안으로 들어가도 되겠습니까?
aneuro deureogado doegetseumnikka?

③ 여기서 담배를 피워도 됩니까?
yeogiseo dambaereul piwodo doemnikka?

④ 창문을 열어도 되겠습니까?
changmuneul yeoreodo doegetseumnikka?

⑤ 잠깐 여쭤도 될까요?
jamkkan yeojjwodo doelkkayo?

⑥ 이것을 가져가도 됩니까?
igeoseul gajeogado doemnikka?

⑦ 카드로 지불해도 됩니까?
kadeuro jibulhaedo doemnikka?

拜托的时侯

1 시앙 빠이퉈이쌰, 커이마?
想拜托一下，可以吗？
xiǎng bài tuō yí xià　kě yǐ ma

2 께이워이거 저거.
给我一个这个。
gěi wǒ yí gè zhè gè

3 씨앙 위위에(딩)이쌰.
想预约(订)一下。
xiǎng yù yuē (dìng)　yí xià

4 칭께이워 피져우?
请给我啤酒。
qǐng gěi wǒ pí jiǔ

5 넝 빵이쌰망마?
能帮一下忙吗？
néng bāng yí xià máng ma

6 넝방워 쉬엔리우마?
能帮我选礼物吗？
néng bāng wǒ xuǎn lǐ wù ma

7 워야오 위딩.
我要预定。
wǒ yào yù dìng

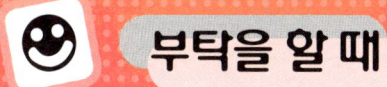

부탁을 할 때

1 부탁이 있는데요.
butagi inneundeyo.

2 이걸 하나 주세요.
igeol hana juseyo.

3 주문 부탁합니다.
jumun butakamnida.

4 맥주를 주시겠어요?
maekjureul jusigesseoyo?

5 도와주시겠습니까?
dowajusigetseumnikka?

6 선물을 골라 주시겠어요?
seonmureul golla jusigesseoyo?

7 예약을 부탁합니다.
yeyageul butakamnida.

质问的时侯·2

① 저리스 나리?
这里是哪里?
zhè lǐ shì nǎ lǐ

② 총 날라이?
从哪儿来?
cóng nǎr lái

③ 짜이날 넝마이따오?
在哪儿能买到?
zài nǎr néng mǎi dào

④ 나거 하오?
哪个好?
nǎ gè hǎo

⑤ 쉬야오 뚸창스지엔?
需要多长时间?
xū yào duō cháng shí jiān

⑥ 지수이?
几岁?
jǐ suì

⑦ 요우지거?
有几个?
yǒu jǐ gè

① 여기는 어디입니까?
yeogineun eodiimnikka?

② 어디에서 오셨습니까?
eodieseo osyeotseumnikka?

③ 어디에서 얻을 수 있습니까?
eodieseo eodeul su itseumnikka?

④ 어느 것이 좋습니까?
eoneu geosi joseumnikka?

⑤ 얼마나 걸립니까?
eolmana geollimnikka?

⑥ 몇 살입니까?
myeot sarimnikka?

⑦ 몇 개 있나요?
myeot gae innayo?

质问的时侯 · 1

① 저스융라이 깐선머더?
这是用来干什么的?
zhè shì yòng lái gàn shén me de

② 나스 선머?
那是什么?
nà shì shén me

③ 짜이자오 선머?
在找什么?
zài zhǎo shén me

④ 쭤 선머꽁줘?
做什么工作?
zuò shén me gōng zuò

⑤ 디엔화하오마스 뚸샤오?
电话号码是多少?
diàn huà hào mǎ shì duō shǎo

⑥ 씨엔자이 지디엔러?
现在几点了?
xiàn zài jǐ diǎn le

⑦ 닌쓰쎄이?
您是谁?
nín shì shéi

물을 때 · 1

❶ 이건 무엇에 쓰는 것입니까?
igeon mueose sseuneun geosimnikka?

❷ 그건 뭡니까?
geugeon mwomnikka?

❸ 무얼 찾고 있습니까?
mueol chatgo itseumnikka?

❹ 무슨 일을 하십니까?
museun ireul hasimnikka?

❺ 전화번호는 몇 번입니까?
jeonhwabeonhoneun myeot beonimnikka?

❻ 지금 몇 시입니까?
jigeum myeot siimnikka?

❼ 누구십니까?
nugusimnikka?

回答的时候

1 하오. / 뿌융러.
好。／ 不用了。
hǎo　　bù yòng le

2 하오더.
好的。
hǎo de

3 뿌, 뿌스 나양.
不，不是那样。
bù　　bú shì nà yàng

4 뿌, 뿌융러.
不，不用了。
bù　　bú yòng le

5 스더.
是的。
shì de

6 즈따오러.
知道了。
zhī dào le

7 메이꽌씨.
没关系。
méi guān xi

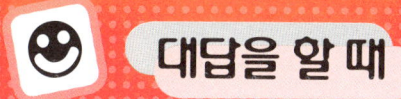
대답을 알 때

❶ 예. / 아니오.
ye. / anio.

❷ 예, 그렇습니다.
ye, geureoseumnida.

❸ 아니오, 그렇지 않습니다.
anio, geureochi anseumnida.

❹ 아니오, 괜찮습니다.
anio, gwaenchanseumnida.

❺ 맞습니다.
matseumnida.

❻ 알았습니다.
aratseumnida.

❼ 괜찮습니다.
gwaenchanseumnida.

表示抱歉

1 전뚜이부치!
真对不起！
zhēn duì bu qǐ

2 따라오러!
打扰了！
dǎ rǎo le

3 스워 뚜이부치!
是我对不起！
shì wǒ duì bù qǐ

4 뿌스 니더춰.
不是你的错。
bù shì nǐ dè cuò

5 칭위엔량!
请原谅！
qǐng yuán liàng

6 칭뿌야오 단씬.
请不要担心。
qǐng bú yào dān xīn

7 뚜이뿌치 따라오러.
对不起打扰了。
duì bù qǐ dǎ rǎo le

미안함을 나타낼 때

① 정말로 죄송합니다.
jeongmallo joesonghamnida.

② 실례합니다(실례했습니다).
sillyehamnida(sillyehaetseumnida).

③ 제가 잘못했습니다.
jega jalmotaetseumnida.

④ 당신 잘못이 아닙니다.
dangsin jalmosi animnida.

⑤ 용서하십시오.
yongseohasipsio.

⑥ 걱정하지 마십시오.
geokjeonghaji masipsio.

⑦ 폐를 끼쳐서 죄송합니다.
pyereul kkicheoseo joesonghamnida.

表示感谢

1 씨에씨에!
谢谢!
xiè xie

2 페이창 깐씨에!
非常感谢!
fēi cháng gǎn xiè

3 씨에씨에 닌!
谢谢您!
xiè xie nín

4 씨에씨에 닌더방주!
谢谢您的帮助!
xiè xie nín de bāng zhù

5 전신 간씨에닌!
真心感谢您!
zhēn xīn gǎn xiè nín

6 뿌커치!
不客气!
bú kè qì

7 나리나리.
哪里哪里。
nǎ lǐ nǎ lǐ

고마움을 나타낼 때

① 고마워요.
gomawoyo.

② 대단히 감사합니다.
daedanhi gamsahamnida.

③ 감사드립니다.
gamsadeurimnida.

④ 도와 주셔서 감사드립니다.
dowa jusyeoseo gamsadeurimnida.

⑤ 진심으로 감사드립니다.
jinsimeuro gamsadeurimnida.

⑥ 천만에요.
cheonmaneyo.

⑦ 천만의 말씀입니다.
cheonmanui malsseumimnida.

叫人的时候

❶ 칭원, 닌꿰이씽?
请问，您贵姓?
Qǐng wèn nín guì xìng?

❷ 닌꿰이씽?
您贵姓?
Nín guì xìng

❸ 리우시아 닌더 씽밍, 하오마?
留下您的姓名，好吗?
Liú xià nín de xìng míng   hǎo ma

❹ 진시엔셩
金先生。
Jīn xiān shēng

❺ 진푸런
金夫人。
Jīn fū rén

❻ 진시아오지에
金小姐。
Jīn xiǎo jiě

❼ 웨이
喂!
Wèi

31

사람을 부를 때

① 성함이 어떻게 되십니까?
seonghami eotteoke doesimnikka?

② 성씨가 어떻게 되세요?
seongssiga eotteoke doeseyo?

③ 성함을 적어 주시겠습니까?
seonghameul jeogeo jusigetseumnikka?

④ 김 씨.
gim ssi.

⑤ 김 씨 부인.
gim ssi buin.

⑥ 김 양.
gim yang.

⑦ 여보세요!
yeoboseyo!

打招呼 · 2

① 하오지우 뿌지엔러.
好久不见了。
hǎo jiǔ bú jiàn le

② 하오지우뿌지엔, 꾸오더 쩐머양?
好久不见,过得怎么样?
hǎo jiǔ bú jiàn guò de zěn me yàng

③ 니이디엔 예메이삐엔아!
你一点也没变啊!
nǐ yì diǎn yě méi biàn a

④ 워씨엔후이 취러.
我先回去了。
wǒ xiān huí qù le

⑤ 짜이찌엔!
再见!
zài jiàn

⑥ 칭만저우.
请慢走。
qǐng màn zǒu

⑦ 따오한궈 짜이찌엔!
到韩国再见!
dào hán guó zài jiàn

만나고 헤어질 때·2

❶ 오랜만입니다.
oraenmanimnida.

❷ 오랜만이군요. 어떻게 지냈어요?
oraenmanigunyo. eotteoke jinaesseoyo?

❸ 여전하시군요!
yeojeonhasigunyo!

❹ 먼저 가보겠습니다.
meonjeo gabogetseumnida.

❺ 안녕히 계십시오.
annyeonghi gyesipsio.

❻ 안녕히 가십시오.
annyeonghi gasipsio.

❼ 한국에서 다시 만납시다.
hangugeseo dasi mannapsida.

打招呼 · 1

❶ 니하오!
你好!
nǐ hǎo

❷ 니하오마?
你好吗?
nǐ hǎo ma

❸ 워헌하오, 니너?
我很好，你呢?
wǒ hěn hǎo   nǐ ne

❹ 짜오샹하오!
早上好!
zǎo shàng hǎo!

❺ 완샹하오!
晚上好!
wǎn shàng hǎo!

❻ 지엔따오니 헌까오씽.
见到你很高兴。
jiàn dào nǐ hěn gāo xīng

❼ 런스니 헌까오씽.
认识你很高兴。
rèn shí nǐ hěn gāo xīng

만나고 헤어질 때·1

❶ 안녕하세요.
annyeonghaseyo.

❷ 잘 지내셨습니까?
jal jinaesyeotseumnikka?

❸ 잘 지냅니다. 당신은요?
jal jinaemnida. dangsineunyo?

❹ 좋은 아침입니다!
joeun achimimnida!

❺ 안녕하세요? – 저녁인사
annyeonghaseyo?

❻ 처음 뵙겠습니다.
cheoeum boepgetseumnida.

❼ 알게 되어 기쁩니다.
alge doeeo gippeumnida.

이것만을 알고 출발하자!

만나고 헤어질 때
사람을 부를 때
고마움을 나타낼 때
미안함을 나타낼 때
대답을 할 때
확인할 때
물을 때
부탁을 할 때
허락을 구할 때
긴급한 상황에서 유용하게 쓰는 말

여행회화

인천 ↔ 영종도 해상항로

인천에서 선박을 이용하여 인천국제공항으로 가고자 하는 여객의 경우 월미도↔영종도 해상항로를 이용할 수 있다. 운항시간 매일 05:00~21:30 이고, 운항간격은 약 15~20분이며, 도선료는 1,000원(대인 1인 기준)이다.

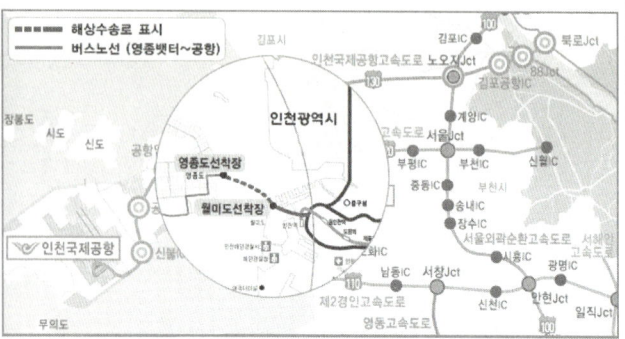

공항철도

공항 철도는 현재 인천공항과 김포공항 간을 운행중에 있으며, 김포공항에서는 지하철 5호선과 연결된다.

2단계공항철도는 김포공항과 서울역에 이르는 구간으로 2010년에 완공될 예정이다.

🔗 공항철도(주) 032-745-7788 (http://www.arex.or.kr)

자가용 이용시 유의사항

여객터미널 출발도착층 진입로는 버스와 승용차(택시포함)의 진입로가 분리되어 있으므로 도로안내표지의 승용차 · 택시용 진입차선을 반드시 지켜서 진입해야 한다.

출발층(고가도로, 3층)에서는 택시, 승용차 구분 없이 목적하는 항공사와 가까운 위치에서 승하차할 수 있다. 단, 승하차를 위한 5분이상의 정차는 안 된다.

도착층(지상, 1층)에서는 택시, 승용차의 정차위치가 지정되어 있으므로 지정된 위치에서 정차 후 승하차해야 한다.

출발도착층에서는 장시간의 정차가 허용되지 않으므로 승하차 후 즉시 출발해야 한다.

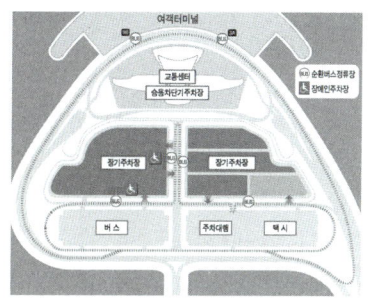

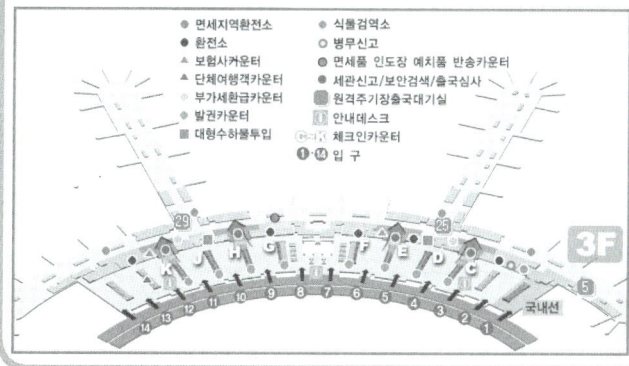

인천국제공항 가는 길

인천국제공항고속도로

인천국제공항고속도로는 공항 이용객의 정시성 확보를 최우선으로 감안하여 지역 간 통행 기능을 배제하고 오직 인천국제공항 방면으로만 통행이 가능한 인천국제공항 전용고속도로이다. 즉, 인천국제공항고속도로로 진입하면 중간에서 김포공항이나 인천지역 등으로는 갈 수 없다.

인천국제공항고속도로는 6~8차선으로 총연장은 40.2km (방화대교 ↔ 인천공항)이다.

인천국제공항고속도로 진입로 현황 (5개소의 진입로)

- 은평, 마포 등 서울의 북서부 지역:강변북로 및 자유로와 연결되는 북로JCT
- 강남, 서초, 영등포, 여의도 등의 지역:올림픽대로와 연결되는 88JCT
- 김포공항 및 강서지역:김포공항IC
- 김포, 부천, 시흥, 일산 등의 지역:외곽순환고속도로와 연결되는 노오지JCT
- 동인천 및 서인천 지역:북인천IC

인천국제공항고속도로 통행료

구 분	서울(신공항영업소)	인천(북인천영업소)
경 차	3,450	1,700
소형차	6,900	3,400
중형차	11,800	5,700
대형차	15,200	7,400

- 신공항하이웨이(주) (http://www.hiway21.com)
- 인천국제공항고속도로 문의 : (032) 560-6100

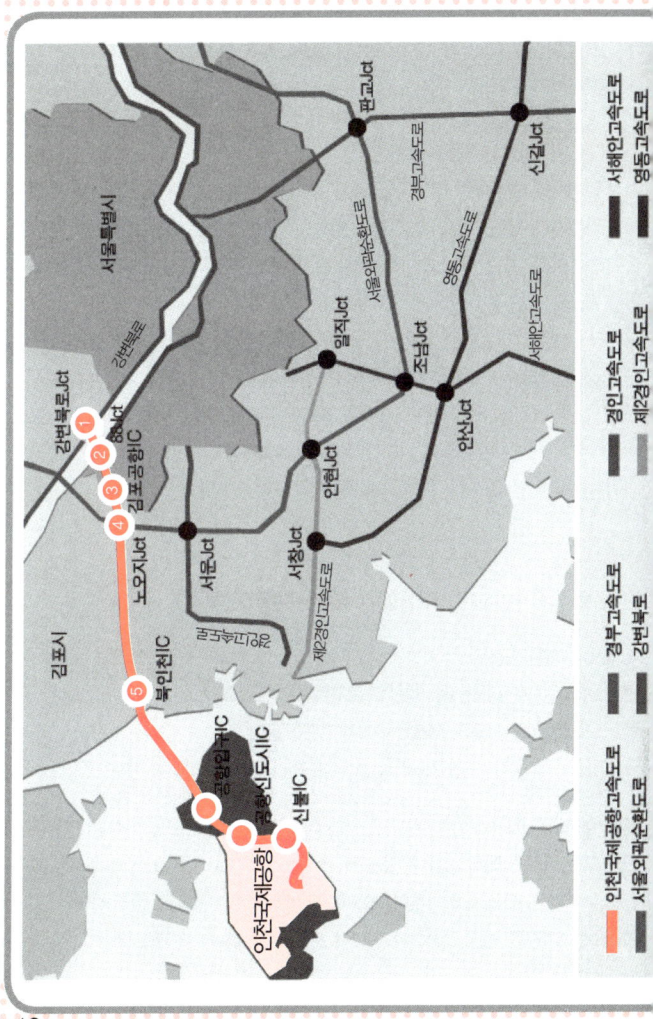

대부분 잘 갖춰져 있으므로 치약, 칫솔 정도만 준비해 간다.
※ 소화제와 설사약, 감기약, 소독약, 연고, 1회용 밴드 등.

● 여행가방과 짐꾸리기

가장 먼저 가방에 넣어야 하는 짐은 역시 부피가 가장 큰 옷가지들. 주름지지 않게 옷을 꾸리려면, 우선 반듯하게 옷들을 펴놓은 후 둘둘 말아 가방에 넣는 것이 좋다. 한꺼번에 옷가지를 꾸려 넣은 다음에는 가방의 남는 모서리에 속옷이나 양말, 신발 등을 넣는다.

딱딱한 트렁크에는 말아서 넣기 어려우므로 옷을 반으로 접어 차곡차곡 쌓는다. 세면도구와 속옷류ㆍ신발은 서로 뒤섞이지 않도록 입구를 봉할 수 있는 비닐 봉지에 따로 싸서 가방 가장자리의 빈 부분에 넣는다. 또 자주 꺼내야 하는 여권과 지갑, 화장품 등은 여행가방과는 별도로 핸드백이나 벨트색에 따로 챙기면, 큰 가방은 호텔이나 짐보관소에 맡기고 작은 가방만 가지고 간편하게 다닐 수 있다.

● 여행가방의 크기와 무게

비행기에 맡길 수 있는 짐은 행선지와 클래스에 따라 다르다.

A. 위탁 수화물의 경우
먼저 위탁 수화물 허용량은 기본적으로 미주지역은 수화물 개수가 기준이 되며, 유럽을 포함한 미주 이외의 지역은 무게가 기준이 된다.

B. 휴대 수화물의 경우
휴대 수화물은 항공기 안전운항과 편안한 여행을 위하여, 이코노미 클래스인 경우 선반 혹은 좌석 아래에 넣을 수 있는 115cm (55cm x 40cm x 20cm) 이하 10kg(대한항공의 경우 12kg) 이하의 짐 1개이며, 프레스티지 및 비즈니스 클래스와 퍼스트 클래스는 2개까지 반입 가능하다. 이보다 큰 짐은 출국수속 때 따로 부쳐야 한다.

여행을 떠나기 전에 미리미리 준비하자!

'짐은 적을수록 좋다'라는 기본 상식에 너무 충실하면, 꼭 챙겨가야 할 필수품까지 빼놓고 떠날 수 있다.

여권과 항공권·현금·신용 카드·필기도구와 운전면허증 및 각종 서류는 작은 가방에 넣어 별도로 소지하는 것이 좋다.

  여권 : 사진이 있는 면을 복사해서 여권과 별도로 보관
  항공권 : 출국과 귀국날짜, 노선, 유효기간을 확인해 둔다.
  현지화폐 : 교통비 입장료 등의 소액
  여행자수표 : 현금과의 비율은 2:8정도

● 옷가지와 신발

옷들은 가장 부피가 큰 짐. 최소한의 옷을 선택하는 지혜가 필요하다. 기본은 속옷과 양말, 티셔츠 2~4벌. 새로 장만하려고 허둥대지 말고 평소 입던 편안하고 다루기 쉬운 옷가지 위주로 가져간다.

레스토랑에서의 식사 때와 같은 공식적인 스케줄이 잡혀 있으면 구두와, 남성은 깃이 달린 셔츠와 넥타이, 여성은 우아한 치마를 한 벌 정도 준비한다. 또 겨울은 물론이고 여름에도 아침저녁으로는 쌀쌀해지고, 차를 타고 관광할 때는 에어컨 시설이 잘 되어 있으므로 스웨터나 카디건을 준비해 그때그때 걸친다.

신발은 걷기에 편한 것이 기본. 길들여지지 않은 새 신발, 굽이 높은 신발은 금물. 새것보다는 길들여진 헌 신발이 오히려 편안하다. 여름이라면 샌들도 괜찮다. 숙소에서 신을 슬리퍼도 있으면 유용하다.

● 세면도구

작은 호텔이나 유스호스텔 등에는 설비가 잘 되어 있지 않은 곳이 많으므로 여행용 세면도구와 타올, 드라이어, 화장품, 손톱깎이 등을 준비한다. 일류호텔의 경우에는

비자(visa)

비자는 여행하고자 하는 국가 기관(대사관)에 의뢰하면 입국을 허가하는 공식 문서로써 여행 목적에 따라 관광 비자(15일 이내)와 상용비자(15일 이상)로 구분하여 발급된다. 비자 발급시의 구비 서류는 다음과 같다.

① 여권
② 여권용 사진 : 1매
③ 주민등록증(증명서)
④ 초청장
⑤ 발급 비용 : 15,000원(8일 소요), 35,000원(3일 소요)

짐을 꾸리기 전에 반드시 확인하자

여행 일정에 가장 중요한 일은 짐을 꾸리는 일이다. 대충 짐을 꾸렸다가는 여행지에서 낭패를 보기 십상이다. 여행지의 기후나 풍토에 대한 정보를 충분히 알아보고 의식주에 관한 준비를 하는 것이 꼭 필요하다.

여권과 항공권·현금·신용카드·필기도구와 운전면허증 및 각종 서류는 작은 가방에 넣어 별도로 소지하는 것이 좋다.

① 여권 : 사진이 있는 면을 복사해서 여권과 별도로 보관한다.
② 항공권 : 출국과 귀국날짜, 노선, 유효기간을 확인해 둔다.
③ 현지화폐 : 교통비 입장료 등의 소액
④ 여행자수표 : 현금과의 비율은 2:8정도

여행준비

해외로 여행을 하려면 무엇보다 사전에 준비가 철저해야 한다. 출국에 앞서 가장 기본적인 준비는 여권 만들기(구여권) ➡ 방문국의 비자취득(비자면제국가는 제외) ➡ 각종 여행정보 수집 ➡ 국제운전면허증 등 각종 증명서 만들기 ➡ 출국 교통편 정하기 ➡ 숙박 예약 ➡ 환전 및 여행에 필요한 짐 챙기기 등이 있다. 물론 이러한 준비는 여행사를 통해서 간편하게 할 수 있다.

여권(passport)

여권은 외국을 여행할 때 여행자의 신분과 국적을 증빙하고, 그 보호를 의뢰하는 문서로써 해당 기관 즉, 외무부 여권과 및 시청, 구청, 군청 등에서 발급받는다. 여권 발급시의 구비서류는 다음과 같다.

① 여권 발급 신청서 : 1부
② 여권용 사진 : 2매
③ 발급 비용 : 45,200원
④ 주민 등록증이나 운전 면허증, 구 여권
⑤ 주민 등록 등본 : 2통
⑥ 병무 확인서

* 여권 발급에 소요되는 기간은 4~5일이나 성수기에는 7~10일 정도가 걸린다.
* 여권의 유효기간 : 10년
❶ 외무부 여권과 : Tel (02)733-2114, 720-2735

여행준비

단어장

가	227
나	254
다	260
라	270
마	273
바	284
사	296
아	312
자	328
차	337
카	340
타	342
파	344
하	347

PART 7 트러블 紧急状况 — 201

말이 잘 통하지 않을 때 语言沟通有问题的时候 — 202
난처한 상황에 빠졌을 때·1 为难的时候·1 — 204
난처한 상황에 빠졌을 때·2 为难的时候·2 — 206
물건을 분실했거나 도난당했을 때 丢失／被偷的时候 — 208
사고가 났을 때 发生事故的时候 — 210
몸이 아플 때·1 不舒服的时候·1 — 212
몸이 아플 때·2 不舒服的时候·2 — 214

PART 8 귀국 归国 — 217

여행을 마치고 귀국 준비할 때·1 准备归国·1 — 218
여행을 마치고 귀국 준비할 때·2 准备归国·2 — 220
탑승수속을 밟을 때 登机手续 — 222

PART 5 관광 观光 ... 155

관광안내소에서·1 在观光询问处·1	156
관광안내소에서·2 在观光询问处·2	158
투어를 이용할 때 观光团·旅游	160
관광을 할 때·1 观光的时候·1	162
관광을 할 때·2 观光的时候·2	164
관람을 할 때·1 观览的时候·1	166
관람을 할 때·2 观览的时候·2	168
기념사진을 찍을 때 拍纪念照片	170
오락을 즐길 때 娱乐	172
레저를 즐길 때 休闲时间	174

PART 6 쇼핑 购物 ... 177

가게를 찾을 때 找商店	178
물건을 찾을 때·1 找物品·1	180
물건을 찾을 때·2 找物品·2	182
물건을 고를 때·1 挑商品·1	184
물건을 고를 때·2 挑商品·2	186
백화점·면세점에서 在百货商店／免税店	188
물건값을 흥정할 때·1 讨价还价·1	190
물건값을 흥정할 때·2 讨价还价·2	192
포장과 배달을 원할 때 包装和送货	194
배송·교환을 원할 때 配送／交还	196
반품·환불을 원할 때 退货／退款	198

지하철을 이용할 때 · 1	坐地铁的时候 · 1	110
지하철을 이용할 때 · 2	坐地铁的时候 · 2	112
열차를 이용할 때 · 1	坐火车的时候 · 1	114
열차를 이용할 때 · 2	坐火车的时候 · 2	116
비행기를 이용할 때 · 1	坐飞机的时候 · 1	118
비행기를 이용할 때 · 2	坐飞机的时候 · 2	120
렌터카를 이용할 때 · 1	包车的时候 · 1	122
렌터카를 이용할 때 · 2	包车的时候 · 2	124
자동차를 운전할 때 · 1	开车的时候 · 1	126
자동차를 운전할 때 · 2	开车的时候 · 2	128

PART 4 식사 饭食 — 131

식당을 찾을 때	找餐厅的时候	132
식당을 예약할 때	预订餐厅的时候 · 1	134
식당에 들어섰을 때	预订餐厅的时候 · 2	136
식사를 주문할 때 · 1	点菜的时候 · 1	138
식사를 주문할 때 · 2	点菜的时候 · 2	140
식사를 할 때	吃饭的时候	142
술과 음료를 마실 때 · 1	喝饮料和酒的时候 · 1	144
술과 음료를 마실 때 · 2	喝饮料和酒的时候 · 2	146
식당에서 문제가 생겼을 때	餐厅里发生问题的时候	148
패스트푸드점을 이용할 때	利用快餐的时候	150
식비를 계산할 때	算帐的时候	152

공항에서 시내로 들어갈 때　进入市内	064

PART 2 숙박　住宿　067

호텔을 예약할 때　预订饭店	068
호텔 체크인할 때·1　预订客房·1	070
호텔 체크인할 때·2　预订客房·2	072
호텔 서비스를 이용할 때·1　利用饭店服务·1	074
호텔 서비스를 이용할 때·2　利用饭店服务·2	076
호텔 부대시설을 이용할 때·1　利用其他服务·1	078
호텔 부대시설을 이용할 때·2　利用其他服务·2	080
호텔에서 이발소·미용실을 이용할 때　利用饭店里的美发厅	082
호텔에서 통신을 이용할 때　利用饭店里的通讯设备	084
호텔에서 문제가 생겼을 때·1　发生紧急情况的时候·1	086
호텔에서 문제가 생겼을 때·2　发生紧急情况的时候·2	088
호텔 체크아웃을 할 때·1　退房·1	090
호텔 체크아웃을 할 때·2　退房·2	092

PART 3 교통　交通　095

길을 물을 때·1　问路的时候·1	096
길을 물을 때·2　问路的时候·2	098
길을 잃었을 때　迷路的时候	100
택시를 이용할 때·1　坐出租车的时候·1	102
택시를 이용할 때·2　坐出租车的时候·2	104
버스를 이용할 때·1　坐公车的时候·1	106
버스를 이용할 때·2　坐公车的时候·2	108

Contents

여행준비 014

여행회화

😊 이것만을 알고 출발하자! 025

만나고 헤어질 때 · 1 打招呼 · 1	026
만나고 헤어질 때 · 2 打招呼 · 2	028
사람을 부를 때 叫人的时候	030
고마움을 나타낼 때 表示感谢	032
미안함을 나타낼 때 表示抱歉	034
대답을 할 때 回答的时侯	036
물을 때 · 1 质问的时侯 · 1	038
물을 때 · 2 质问的时侯 · 2	040
부탁을 할 때 拜托的时侯	042
허락을 구할 때 请允许的时侯	044
긴급한 상황에서 유용하게 쓰는 말 紧急情况的时侯	046

✈ PART 01 도착   入国 049

비행기 안에서 · 1 在飞机上 · 1	050
비행기 안에서 · 2 在飞机上 · 2	052
페리 안에서 在船上	054
입국심사를 받을 때 · 1 入国审查 · 1	056
입국심사를 받을 때 · 2 入国审查 · 2	058
세관검사를 받을 때 海关	060
공항에서 在机场	062

이 책의 특징

1. 간편하고 유용한 표현만을 엄선
중국어를 잘 하지 못하는 사람들이 중국으로 여행, 출장 등을 떠날 때 현지에서 유용하게 쓸 수 있도록 간편한 회화문으로 구성하였습니다.

2. 출발에서 귀국까지 여행 스케줄에 맞춘 순서 배열
중국으로 여행을 떠날 때부터 귀국할 때까지 다양한 상황에 대처할 수 있도록 기본회화는 물론, 도착 → 숙박 → 교통 → 식사 → 관광 → 쇼핑 → 트러블 → 귀국에 이르기까지 8개의 주요 장면으로 구성했습니다.

3. 원하는 표현을 찾아보기 쉽도록 사전식 구성
모든 중국어 회화표현은 우리말을 먼저 제시하여 상황에 따라 필요한 말을 사전식으로 구성하였으며 누구나 쉽게 찾아볼 수 있습니다.

4. 초보자도 읽을 수 있도록 한글로 중국어 발음 표기
이 책은 중국어 회화를 제대로 구사하지 못해도 한글로 중국어 발음을 달아두었기 때문에 또박또박 발음만 잘 한다면 중국인들도 충분히 알아들을 수 있도록 했습니다.

5. 중국인도 우리말을 배울 수 있는 여행책
중국인도 우리말을 구사할 수 있도록 모든 여행회화 표현에 로마자로 우리말 발음을 표기해두었으므로 중국인을 사귀는 데 많은 도움이 될 수 있을 것입니다.

6. 즉석에서 찾아 간편하게 쓸 수 있는 여행 단어 수록
이 책의 가장 큰 특징은 회화표현 뿐만 아니라 필요한 단어를 즉석에서 찾아볼 수 있도록 여행에 관련된 단어를 우리말 가나다순으로 구성했습니다.

머리말

중국으로 여행을 가려고 해도 중국어를 잘 모르기 때문에 망설이고 걱정하십니까? 여기 〈라이브 여행 중국어 회화 & 단어장〉이 여러분의 모든 두려움을 말끔히 씻어주고 중국으로 떠나는 여행에 대한 자신감을 가져다 줄 것입니다.

〈라이브 여행 중국어 회화 & 단어장〉은 한국을 떠나 중국에 발을 붙이는 순간부터 귀국할 때까지 여행 순서대로 구성되어 있으므로 여행하는 여러분들이 중국어에 대한 별다른 불편 없이 자유롭게 여행을 즐길 수 있습니다.

〈라이브 여행 중국어 회화 & 단어장〉은 중국어를 잘 하지 못해도 한글로 중국어 발음을 달아두었기 때문에 또박또박 발음만 잘 한다면 현지인들도 충분히 알아들을 수 있고, 실제상황에서도 바로바로 통하게 간편하고 쉬운 표현만을 엄선했습니다.

중국으로 떠나는 여행자 여러분!
〈라이브 여행 중국어 회화 & 단어장〉은 휴대하기 편하게 한손에 잡힐 수 있도록 만들어진 책입니다. 중국으로 여행을 떠날 때 휴대하고 가신다면 의사소통에 대한 두려움이 없이 즐겁게 여행을 할 수 있으리라고 확신합니다.

끝으로 이 책을 유용하게 활용하기 위해서는 중국으로 여행을 떠나기 전에 미리 익혀두면 한층 보람 있고 즐거운 여행이 될 것입니다.

2007년 7월
저자 씀

당당하게 떠나는 중국여행!

LIVE
여행중국어
회화&단어장

박화중 지음

VitaminBook

라이브 여행 중국어회화 & 단어장

초판 1쇄 발행 | 2007년 7월 25일
초판 4쇄 발행 | 2011년 8월 25일

엮은이 | 박화중
펴낸곳 | Vitamin Book
펴낸이 | 남승천 · 박영진

등 록 | 제318-2004-00072호
주 소 | 150-036 서울특별시 영등포구 영등포동6가 68-4 재훈빌딩 3층
전 화 | 02) 2677-1064
팩 스 | 02) 2677-1026
이메일 | vitaminbooks@naver.com

© 2007 Vitamin Book
ISBN 978-89-92683-13-5   13720

* 잘못 만들어진 책은 바꿔 드립니다.